강의 잘하는 힘

억대 연봉
프로 강사의
특급 비결

강의
잘하는힘

김학재 지음

위즈덤하우스

강의를 통해
당신의 삶이 변화될 수 있도록

강의를 시작한 나이가 마흔다섯일 때다. 대기업에서 직장생활을 했고 큰 꿈을 갖고 직장을 나와 사업을 하다 죽을 만큼의 어려움과 시련에 빠졌던 때 만나게 된 것이 강의의 세계였다. 강의를 하면서 내가 바뀌게 되었고 아울러 경제적인 문제도 해결이 되어갔다. 아침에 일어나 거울을 보며 던지는 긍정의 한마디가 인생을 바꾼다고도 하는데, 그런 생각과 말을 매일같이 하게 되는 삶은 어떻겠는가. 이후로 나는 만나는 사람들에게 강의의 세계를 권했고 실제로도 많은 친구들을 강의의 세계로 끌어들여 그들의 삶을 바꾸게 했다. 내가 강의의 세계로 이끌어준 선배에게 평생 고마운 마음을 갖고 있듯이 그들도 나에게 늘 고마워한다. 이 책이 또한 그런 역할을 하기를 바란다.

이 책은 다음과 같은 분들을 염두에 두고 쓰게 되었다.

첫 번째는 은퇴를 앞두고 있거나 직업을 전환하고자 하는 분들이다. 사람들은 대체로 자기의 삶, 자기의 일이 그다지 특별하다고 생각하지 않는다. 이유는 자기 주변의 사람들이 대체로 비슷한 삶, 비슷한 일을 하고 살아가기 때문이다. 그렇지만 시야를 넓혀 보면 나의 삶, 나의 일이 남에게는 얼마든지 새로운 세상이 될 수 있다. 평범해 보이는 사람들이 TV에 나와 자기의 이야기로 시청자를 울고 웃게 하는 이유다. 자기의 삶과 일을 특별하게 생각하게 되면 삶과 일에 대한 자세도 달라질 뿐 아니라 강의에 대한 자신감도 생긴다. 이 책은 그러한 이야기들을 담고 있다.

두 번째는 이미 강사의 세계에 들어선 사람들이다. 강사의 세계에 들어서긴 했지만 강의만으로는 생활이 되지 않는 경우다. 다시 말하면 강의 의뢰가 많지 않고 그러다 보니 수입이 변변치 않은 것이다. 강사는 자기 고유의 콘텐츠를 갖고 있어야 하며 이를 찾아주는 고객이 있어야 하고 이를 잘 전달하여 소위 말하는 리콜을 받아야 한다. 교육시장의 구조와 콘텐츠 개발에 대한 방법, 강의력의 노하우 등에 대해 내가 알고 있는 모든 것을 전달하고자 했다.

세 번째는 이미 자리 잡은 프로 강사들이다. 이들은 나름의 자기세계와 프라이드를 갖고 있기 때문에 이 책을 무시할런지도 모르겠다. 그렇지만 세상은 강사들이 이구동성으로 이야기하듯이 무섭게 변하고 있고 현재 나의 위치도 얼마나 지속이 될지 알 수 없다. 여기서는 비슷한 교육시장의 구조를 갖고 있는 미국의 사례를 살펴보면서 그들의 강사세계는 어떠한지 그들은 위기에 어떻게 대처하고 있는지, 또 일인 사업가로서의 강사는 어떤 매니지먼트를 해야 하는지 등에 대해서 언급을 했다. 도움이 되리라고 본다. 본문에 있듯이 우리는 늘 '컴포트존(Comfort zone)'에서 내려오는 연습을 해야 한다.

2014년에 정부에서 주도하는 인문학 프로그램 '인생 나눔 교실'을 총괄한 적이 있다. 이 프로젝트는 은퇴하신 분들을 대상으로 일정 교육을 마친 후 강의의 기회를 드리는 것이었다. 100여 명 정도를 선발할 계획이었는데 수천 명이 지원을 했다. 예상을 훨씬 뛰어넘은 숫자였다. 강의를 하고자 하는 잠재 수요가 얼마나 많은지를 다시 한 번 확인하는 순간이었다.

이 책을 처음 쓰기 시작할 때의 콘셉트는 '당신의 최종 직업은 강사'라는 것이었다. 강의를 한다는 것은 선택이기도 하지만 한편으로는 사회에 대한 의무이기도 하다는 생각이 들어서이다. 고학력의 고급 인력들이 너무도 일찍 조직에서 밀려나온다. 정년을 마친 경우에도 건강과 인지능력에 문제가 없다. 이들의 지식과 경험이 우리 사회에 공유되어야 한다고 느꼈다. 강의를 하게 되면 자기계발이 되고 보람을 느끼게 되며 경제적인 이득이 생기며 관계가 확장된다. 즉 행복의 요소를 두루 갖추고 있는 것이다. 강의를 통하여 실의에 젖어 있는 사람들이 일어서고 삶이 개선되며 서로에게 용기와 희망을 주는 세상을 꿈꾸어 본다.

Part 1
마흔다섯, 강사가 되기로 했다

Part 2

준비된 자만이 프로강사가 될 수 있다

Part 3

억대 연봉 프로강사의 실전 전략

.

Part 1

마흔다섯, 강사가 되기로 했다

01

밑천 없이 시작할 수 있었던 유일한 직업, 강사

내가 처음 강단에 선 것이 2005년의 일이다. 강의를 시작한 후로 10년의 시간이 흘렀다. 짧다면 짧고 길다면 긴 시간이다. 2005년은 하던 사업을 완전히 접은 해이기도 하다. 요즘 '45세가 정년'이라는 의미로 사오정이라는 말을 많이 하는데, 그때의 나이가 딱 마흔 중반이었다. 아이들에게 가장 많은 돈이 들어가는 시기이기도 했다. 하던 일을 접었다는 것은 회생을 위해 갖은 방법을 다 구사했음에도 더 이상의 희망을 찾을 수 없는 막다른 길로 들어섰다는 뜻이었고, 이런 과정 중에 큰 손해를 보았다는 의미이기도 하다. 그런 상황이다 보니 자본이 들어가는 사업은 더 이상 할 수 없게 되었다. 외벌이었고, 당장 벌지 않으면 안 되는 처지였다. 하루하루가 지날 때마다 마음이 조급해지기 시작했다. 머릿속에서는 최악의 경제 상황이 그려졌고, 그러한 상상은 점차 현실이 되어 하루하루 공포로 엄습해왔다. 무언가를 당장 하지 않으면 안 되는 절박한 상황이었다.

고민에 고민을 거듭하다 찾아가게 된 곳이 보험회사였다. 국내에 있는 모든 보험회사를 다 방문하고 상담했다. 같은 직장에 있다가 일찍이 보험회사로 이직하여 최고의 영업 실적을 기록하고 있는 옛 동료를 찾아가 이런저런 이야기를 들어보기도 했다. 이력을 훑어본 대부분의 보험회사에서는 흔쾌히 입사를 권유했다. 주변에 보험을 권유할 만한 지인이 많을 것으로 판단했던 것 같다. 어쩌면 사업에 실패한 당시의 상황이 영업을 위한 강력한 동기부여가 될 것이라고 판단했는지도 모르겠다. 내가 결정만 하면 바로 기본 활동비가 나오고, 실적에 따라서는 그야말로 억대 연봉자가 될 수도 있는 일이니, 아무런 투자를 하지 않고도 공백 없이 바로 시작할 수 있는 일로는 가장 적합한 일이었다. 그렇지만 도저히 자신이 생기질 않았다. 교육에 참석하는 날짜를 받아 놓았지만 결국 가지 못했다. 대단히 절박한 상황이었음에도 보험회사를 선택하지 못한 이유는 무엇이었을까. 그저 계속해서 잘할 수 있는 일이 아니라는 판단이 들었다고밖에는 설명할 수가 없다. "아직 배가 덜 고팠구먼"이라고 말하는 독자도 있을지 모르겠다.

이후에 찾아간 곳이 청소 용역업체였다. TV 프로그램에서 '밑천 없이 시작할 수 있는 일'로 소개된 것을 본 것이 계기였다. 나름 성공사례들이 그럴듯해 보였다. 청소 용역업체에서 청소를 필요로 하는 건물을 찾아주고 지역의 하청업자들이 그 용역을 수행해내는 구조였다. 본사에서 영업을 해주고 각종 청소 도구와 약품들을 공급해주니 일단 커다란 장애물은 해결이 되는 셈이었다. 그렇지만 초기 자본이 없고 관리하는 건물의 숫자도 적은 상황에서 직원을 둘 수는 없기 때문에, 결국 본인이 일을 해야만 적은 인건비라도 건질 수 있는 상황이었다. 쉽게 말하면 내가 직접 청소부가 되어 계단이나 화장실 청소를 시작해야 하는 것이었다. 외국에서 들어온 유사한 업체들까지 여러 날을 다니며 알아봤지만 결국 포기했다. 이런 식으로 여러 직업을 전전한 끝에 만나게 된 것이 강의였다.

살면서 우리는 많은 변화를 겪게 된다. 그리고 그 변화의 중심에는 언제나 중요한 역할을 한 누군가가 있게 마련이다. 결혼을 하고 직장을 선택하고 이직을 하고 새로운 사업을 시작하고 때론 사는 곳을 옮기기도 했던 일을 기억해보라. 누군가가 그 사건의 중심에 있었을 것이다. 배우자를 만났을 때는 둘을 연결해준 사람이 있을 것이고 직장을 옮길 때에도 중간에서 소개를 해준 사람이 있을 것이며 새로운 사업, 이사 등등의 중요한 결정을 내렸을 때에도 분명 의사결정에 영향을 준 누군가가 있었을 것이다. 그러니 우리의 삶은 어떤 사람과 만나고 어울리느냐에 영향을 받게 된다. 미국의 대표적인 동기부여 강사인 브라이언 트레이시(Brian Tracy)는 "당신이 현재 가난한 것은 당신 주변에 부자가 없었기 때문이다"라고 했다.

그런 면에서 우리는 관계의 중요성을 이야기하지 않을 수 없다. 짐 콜

린스(Jim Collins)는 이 관계(Relationship)를 거래(Transaction)와 분명하게 구분하고 있다. 인간관계에서 진실한 '관계'를 맺어야지 '거래'를 해서는 안 된다는 것이다. 그렇지만 많은 사람들이 향후 이익과 연관 지어 실상은 '거래'를 하면서 '관계'를 맺고 있다고 착각하거나 위장하고 있다. 발전과 변화의 계기는 진심으로 '관계' 맺고 있는 사람들로부터 일어난다.

무작정 강의 현장을 쫓아다니다

강의를 해야겠다고 마음먹었을 때 문득 떠오르는 선배가 있었다. 선배는 박사 학위를 받고 정부 한 부처에 별정직으로 근무하면서 강의를 하고 있었다. 어렸을 때부터 형처럼 따르던 사이라 어렵지 않게 나의 현재 상황과 계획을 이야기하고 도움을 요청할 수 있었다. 그러자 일단 와서 강의 현장을 보라고 했다. 어떤 곳에서 어떤 사람들을 대상으로 무슨 내용을 강의하는지, 현장의 분위기를 살피면서 생각해보라고 했다. 그래서 이후로 기회만 되면 선배가 강의하는 곳을 따라다니기 시작했다. 그렇게 따라다닌 강의 현장은 생각보다 웅장했고 엄숙했다. 대부분의 공무원 교육기관과 연수원이 그렇지 않은가? 사무직원이나 관계자들이 강사에게 깍듯이 예의를 갖추는 모습도 볼 수 있었다. 뭔가 시작하기도 전에 주눅이 드는 느낌이었다.

이렇게 활동을 시작하기 전에 여러 차례 현장을 견학할 수 있었던 것은 엄청난 행운이었다. 보통은 강의 현장에 동참할 수 있는 기회가 그리

많지 않기 때문이다. 대기업에서는 허락된 인원 외에는 아예 강의실 출입을 금지하고 있고 대부분의 기관들도 강사 외의 외부인들에게 자신들의 건물 시설, 교육 내용, 참가자들을 오픈하고 싶어 하지 않는다. 나는 선배의 배려로 동료 강사나 수업 보조자로 소개받아 현장에 머물 수 있었다. 백문이 불여일견이라 했던가. 강의의 현장은 리허설이나 녹화가 없는 생방송이었고, 그 자리에서 청중과 함께 호흡해본다는 것은 너무도 소중한 간접 경험이 되었다. 나는 때때로 내가 강단에 서 있는 것처럼 청중을 바라보기도 했고, 청중의 입장이 되어 강사와 강의 내용을 분석하기도 했다. 작지만 나의 역할도 맡게 되어 무대 위에 올라 강사를 소개해보기도 했고, 이후에는 선배의 강의 시간 일부를 맡아 교육 진행을 하는 기회를 얻기도 했다. 초기에는 나눠준 진단지에 대한 결과를 피드백하는 가벼운 역할을 맡았으나, 점차 영역을 확장하면서 자연스럽게 강사의 세계에 안착할 수 있었다.

이 글을 읽는 독자 중에는 '내가 저런 기회를 얻기는 힘들겠구나' 생각하고 실망하는 분이 있을지 모르겠다. 늘 대안은 있게 마련이고 문제는 해결되게 마련이다(항상 이런 생각을 갖고 상황에 대처하라). 요즘 얼마나 강의를 들을 수 있는 기회가 많은가. 그것도 무료로! 이제부터는 그런 현장에 있을 때에 청중의 한 사람이 아닌 예비 강사의 입장이 되어 강의를 들어보는 것이다. 청중도 살펴보고 강의 내용도 평가해보자. 자신이 주인공이라고 마음먹고 주체적으로 듣는 강의는 이전에 듣던 강의와 비교할 수 없을 것이다. 보이지 않던 많은 것들을 보게 되리라는 것도 자명하다. 처음 운전면허를 땄을 때가 생각이 난다. 나는 면허를 따기 전부터 버스나 택시를 탈 때면 운전사 옆에 앉아 내가 실제로 운전을 하는 것처럼 시뮬레이션을 하곤 했다. 멈춰야 할 곳에서 서서히 브레이크를 밟는 상상도 해보고 출발하는 동작을 함께 따라하기도 했다. 차선을 바꿀 때는 깜빡이를 켜는 연습까지도 했다. 이러한 시뮬레이션은 직접 운전을 하게 되었을 때 많은 도움이 되었다.

처음 만나게 된 강의 방식

선배의 강의는 그동안 내가 상상했던 강의 방식과 매우 달랐다. 강의는 보통 3시간에서 길게는 4시간까지 계속되었는데, 선배가 강단에서 혼자 이야기하는 시간은 그리 길지 않았다. 강사보다는 모더레이터(Moderater)의 역할을 주로 했던 것이다. 요즈음은 대세가 되었지만 그 당시만 해도 그런 기법을 쓰는 강사들이 많지 않았다. 모더레이터 방식이란 강사가 일방적으로 자신의 지식을 전달하는 것이 아닌, 참여자가 자신들의 생각을 공유하고 토론하여 해결안을 도출해내도록 유도하는 방식이다. 선배는 우리나라에서 성인교육 방법론을 현장에 적용한 1세대였고, 나는 첨단의 교육 기법을 아주 일찍 만나게 된 셈이었다(성인교육 방법론과 관련하여서는 뒤에서 상세히 설명하도록 하겠다).

강의에는 도구(전지, 색종이, 크레파스, 가위, 풀 등)가 이용되었고, 게임과 웃음, 토론과 발표가 있었다. 강사는 이러한 과정을 리드해 나가고 마지막에 강의 주제와 관련하여 본인이 준비한 코멘트 정도를 해주면 되었다. 아, 얼마나 쉬운가! 그야말로 강단에 설 용기만 있으면 당장이라도 시작할 수 있을 것 같았다. 하루하루 선배와 동행하는 날이 늘면서 조직의 담당자도 몇몇 소개를 받게 되었고 선배가 일정이 되지 않는 날에는 대신 강의를 맡는 일도 생기기 시작했다. 그렇게 조금씩 자리를 잡아나 갔다. 세상에 독학은 없다고 했다. 물론 분야마다 독학으로 성공한 사람이 없는 것은 아니겠으나, 그만큼 시간이 걸리고 힘이 든다. 이러한 노력과 시간을 단축시키는 것이 선배고 선생이다. 이러한 역할을 하는 사람을 우리는 멘토라고 부르는데, 이 책이 여러분에게 그런 역할을 했으면 좋겠다.

100점보다 80점 밑으로 떨어지지 않는 것이 중요한 세계

강사 세계에 입문한 후 강의 주제를 정하고 강의처를 발굴하는 등의 방법론에 대해서는 별도의 장에서 다룰 예정이니 먼저 강의하는 사람의 일상에 대해 이야기해볼까 한다.

나는 학교를 졸업하고 군에서 복무한 뒤 친구들과 무역회사를 설립해서 취업이 아닌 창업으로 사회생활을 시작했다. 별 경험 없이 꿈만 크게 갖고 사업을 시작했기 때문에 늘 시행착오를 겪을 수밖에 없었다. 따라서 '도대체 큰 회사에서는 무역과 관련된 크고 작은 업무들을 어떻게 처리할까? 앞으로 제대로 된 무역을 하기 위해서는 큰 기업에서 정식으로 일을 배우고 경험하는 것도 필요하지 않을까?' 하는 생각으로 대기업에 입사한 이력이 있다(무역부서의 경력 사원으로 입사를 했지만 기획실로 발령을 권유하는 바람에 진로가 바뀌었지만 말이다).

혼자 강의를 다닐 때도, 처음 대기업의 문을 두드렸을 때와 비슷한 문제에 부딪혔다. '도대체 다른 강사들은 어떤 방식으로 강의를 할까? 큰 교육회사에서는 어떻게 영업을 하고 어떤 콘텐츠를 보유하고 있을까?' 하는 궁금함이 생겨났다. 물론 강사로서 안정적인 생활을 하기 위한 요구와 필요성도 있었다.

그때까지 나는 그저 인연에 따라 여기저기 강의를 다니고 있었을 뿐, 내가 뛰어든 교육시장이 어떻게 형성되어 있고 어떤 구조로 움직이는지에 대해서는 전혀 아는 바가 없었다. 그러므로 어떠한 교육회사가 있는지 어떤 곳이 유명하고 큰 업체인지, 그런 곳에는 어떻게 지원해야 하는지에 관한 아무런 정보도 갖고 있지 못했다. 나를 강사의 세계로 이끌어준 선배도 정부 부처에 근무하면서 자연스럽게 연계된 기관에 출강하거나 개인적으로 의뢰가 들어온 강의를 하는 입장이어서 이런 부분에 대해서는 전혀 조언을 주지 못했다.

몇몇 지인에게 물어보니 E교육회사가 가장 큰 곳이라고 말해주었다. 회사 홈페이지에 들어가 보니 마침 강사 모집 공고가 떠 있었고 지원 절차에 대한 설명도 있었다(알고 보니 강사 모집은 연중 하는 일이었다). 어쨌든 마침 잘 됐다는 생각으로 문의를 하고는 이력서를 보냈다. 그러자 30분 분량의 강의를 준비해서 시범 강의를 해보라는 답변이 왔다. 물론 그때까지 강의 경험이 전혀 없던 것은 아니었지만, 그간 해왔던 강의가 어떤 강의였나? 앞에서 언급한 대로 모더레이터의 역할을 주로 하면서 코멘트를 하는 방식이었기 때문에, 30분 시범 강의는 새로운 도전 과제가 되었다. 어쨌든 최근 강의한 내용 중에서 그나마 익숙해진 부분을 골라 강의의 제목을 정하고 약속된 장소에 서게 되었다. 조그만 강의장에 강사와 부문별 스태프 몇 명이 모여 있었다. 참으로 어색하고 긴장되는 자리였다. 순수한 청중이 아닌 소수의 평가자 앞에서 강의를 한다는 것이 곤혹스러웠다. 이건 강의가 아니라 연기라는 생각이 들기도 했다. 그러다가는 '에이 모르겠다. 어쨌든 내 강의를 들으러 모인 일반 청중이라고 생각하자' 마음먹고 통과의례를 치러냈다.

우리는 방송을 통해 여러 종류의 오디션 현장을 보게 된다. 오디션에 응하는 사람들은 주어진 과제를 최고의 기량으로 수행해내고자 온 신경을 '스킬'에 집중하지만 심사위원들의 시각은 다르다. 현재의 기량이나 스킬도 평가하지만 그 사람의 향후 발전 가능성에 오히려 더 큰 관심을 보인다. 내가 그날 시범 강의한 내용도 그 큰 회사에서는 이미 익숙한 내용의 주제였고 나의 강의 스킬도 별로 특별할 게 없었지만 어쨌든 나는 그 관문을 통과했다. 나의 기획실 경험과 다양한 이력이 회사에 어필했다고 한다.

이런 큰 교육회사에는 물론 다양한 이력을 가진 강사들이 많이 있다. 그렇지만 가장 많은 비율을 차지하는 것이 대기업에서 교육을 담당했던 이력의 사람들이다. 이런 경력을 가진 사람들은 회사 내에서 다양한 교육을 진행하면서 많은 강사들을 접해봤고 그러는 가운데 다양한 콘텐츠를 준비해왔던 사람들이다. 따라서 준비된 강사라고 할 수도 있고, 현장에 내보냈을 때 가장 실수가 적은 사람들이기도 하다. 교육회사에 소속되어 있는 강사는 높은 평가를 받아야 하는 것은 물론, 어떤 경우에도 문제가 되는 평가를 받아와서는 안 된다는 불문율이 있다. 강의 평가가 좋지 않을 경우, 고객사가 하나 떨어져나가는 치명적인 결과로 이어지기 때문이다. 그러니 100점을 받아오는 것보다도 80점 밑으로 내려가는 일을 만들지 않는 것이 더 중요했다.

강의의 영역

나의 기획실 경험과 공공기관과 연결된 몇 가지 이력은 회사 내에 다수를 점하고 있는 교육부서 출신의 강사들과는 차별화가 되는 요소였다. 다만 스태프 중 한 명이 이런 질문을 했다. "갑자기 새로운 주제로 강의를 준비해야 하는 경우가 많을 텐데 PPT자료는 본인이 직접 만드시나요?" PPT를 자유자재로 만들기는 무리인 연령대라는 우려가 들었던 모양이다. 다행이 기획부서에 근무하면서 발표할 일이 많아 아주 일찍부터 PPT 자료를 능숙하게 만들어왔던 탓에 다른 자료를 보여줌으로써 의구심을 해소시켰다. 만약 이 역량이 없었다면 나는 그 회사에 들어갈 수가 없었을 것이고 나의 강의 이력은 또 완전히 다른 길을 걸었으리라. 준비가 되어 있다는 것이 이런 경우 아니겠는가? 당시는 OHP를 사용하던 교육 방식이 PPT로 완전히 전환된 시점이었고 여기에 적응하지 못해 강의를 접는 강사들이 속속 생겨나기 시작하던 때였다.

따라서 강사가 되기 전 필요한 역량은 미리 갖추어놓는 것이 좋다. 우선 교육회사에서 다루는 강의 분야는 대체로 어떻게 나누어지는지 알아보자.

교육회사에서 다루는 강의의 영역은 크게 다음과 같이 분류할 수 있다. 첫째로 업무 성과 영역, 둘째로 리더십 영역, 셋째로 영업/CS 영역, 넷째로 조직활성화 영역이다.

먼저 업무 성과에 속한 강의 주제들은 다음과 같다.

- 문제 해결, 의사결정
- 커뮤니케이션
- 기획
- 보고서·문서 작성
- 프레젠테이션
- 협상의 기술
- 목표 및 성과 관리

리더십 분야는 아래와 같다.

- 비전

- 리더십 전반
- 변화 관리
- 핵심가치
- 멘토링 코칭 임파워링

영업/CS 영역은 아래와 같다.

- 영업 마인드
- 영업 전략 및 기술
- 고객 관리·응대 및 상담 기술
- 판매 전략과 기술
- 협상 전략과 기술
- 마케팅 방법론

    조직활성화 영역은 주로 실내의 큰 공간이나 야외에서 몸을 움직이면서 조직의 유대감과 팀의 결속력을 향상하기 위해 실행하는 다양한 프로그램으로 구성된다.

    교육회사에서 실시하는 강의는 크게 위의 4가지 범주로 이루어져 있고, 여기에서 좀 더 전문적인 주제들로 세분화된다. 지금 종사하고 있는 분야나 공부하고 있는 분야가 어떤 분야이든, 위의 범주 안에 포함될 수 있으니 당장 연관이 없어 보여도 실망할 필요는 없다. 대체로 이와 같이 구분하고 있으나, 일부 영역은 정확히 그 범주를 정하기가 어렵고, 실제 교육이 행해질 업체에서 별도로 요청하거나 아니면 강의자의 판단에 따라 각 분야의 내용이 섞이기도 한다.

시범 강의 후, 일단 나는 업무 성과팀에 속하게 되었다. 다시 말해 기획력과 보고서·문서 작성, 문제 해결 전략 등의 강의 요청이 들어오면 나에게도 강의 기회가 생기는 것이었다.

대형 교육회사에 들어간다면

강사에 따라 다르겠지만, 대형 교육회사에서 소화하는 강의 시간은 1개월에 80시간 내외다. 물론 강사의 의지에 따라 강의를 조금만 할 수도 있다(이곳에서는 가장 치열하게 운영되는 교육회사의 경험을 바탕으로 이야기하는 것이므로, 강의에 입문하기도 전에 지레 겁을 먹을 필요는 없다. 더 쉽고 편안하게 나의 성향과 수준에 맞는 방법으로 이 세계에 입문하는 방법은 얼마든지 있으니 참고 정도로만 보기를 바란다).

그러니 교육회사에 들어가 안정적인 강의 평가를 받기만 하면 역대 연봉을 달성하는 일은 그리 어려운 일이 아니었다. 강사료는 일정한 급여가 아니라 강의한 시간에 비례하여 받게 되어 있고, 강의 영업이나 배정 역시 강사의 스케줄과 역량에 맞추어 이루어진다. 물론 특수한 주제에 대해서는 네트워킹의 형태로 관계를 맺고 있는 외부 강사에게 의뢰를 하기도 한다(만약 본인에게 특성화된 분야가 있다면 지금 당장이라도 네트워킹 방식으로 관계를 맺어 강의를 시작할 수 있다). 어쨌든 교육회사에 속해 있으면 강의를 잘하는 것 외에는 신경 쓸 일이 없다. 이것이 교육회사에 속해 있는 가장 큰 매력이라고 할 수 있다. 자기가 좋아하는 강의에만 집중하면 되는 것이다. 거래처를 발굴하러 밖으로 다닐 일도 없고, 어딘가에서 강의 의뢰가 오기를 막연히 기다리며 걱정하지 않아도 된다.

강의 준비와 관련해서는 회사마다 다른 정책을 쓰고 있다. 회사가 보유하고 있는 기존 콘텐츠를 사용해야 하는 경우도 있고, 본인이 스스로 준비해야 하는 경우도 있다. 회사가 라이센스를 보유하고 있거나 직접 개발한 프로그램만을 강의해야 하는 곳이 있는가 하면, 강사의 개인적인 역량과 콘텐츠에 전적으로 의존하는 회사들도 있다. 대부분은 후자의 경우이다. 비록 회사가 개발한 프로그램일지라도 중간 중간 강사가 보완하고 보충하는 작업이 필요하다.

교육회사에서 배정을 받아 강의를 하는 곳은 크게 공공기관과 민간기업으로 나뉜다. 강의 장소는 대체로 연수원이며, 자체 회의실이나 별도의 교육 장소에서 이루어지는 경우도 있다. 강사는 강의 전 회사가 고객사에 제시한 내용에 맞추어 시간별 강의 계획을 작성하고 이에 맞는 교재를 만들어야 한다. 이렇게 말하면 상당히 어려운 일 같지만 몇 번 하다 보면 1시간도 채 걸리지 않는 일이 된다. 물론 이렇게 작성한 자료는 교육회사 내의 스태프와 고객사 교육 담당자의 승인을 받아야 한다. 교재를 만든다고 해서 매번 어려운 문서를 작성하거나 원고를 써내야 하는 것은 아니다. 강의 시간과 교육 내용에 맞는 진단지, 워크시트를 제공하고 주제에 대한 간단한 관점을 제시하는 정도면 된다. 결국 모든 것은 강의 현장에서 이루어지기 때문이다. 필요한 교보재가 있으면 회사의 스태프에게 요청하게 되는데 웬만한 준비는 다 해준다. 필요하면 강의 현장에 진행요원을 배치해주기도 한다. 좋은 강의 평가를 위해서라면 어떠한 도움도 요청하는 것이 좋다.

강의를 해야 하는 대상은 대한민국의 모든 기관이요, 거기에 근무하는 모든 사람이 된다. 법무부나 검찰청에 가서 강의할 수도 있고 더 나아가 청와대에서 강의할 수도 있으며 시골의 마을회관에서 강의할 수도 있다. 대상 또한 판검사가 될 수도 있고 경호실 직원이 될 수도 있으며 마을 이장님들이 될 수도 있다. 교육회사는 평소 강사들에 대해 여러모로 파악하고 있으므로 나름 적재적소에 배치하기 위한 노력을 한다. 고위 공무원이나 연령대가 높은 집단에 너무 젊은 강사를 배치할 수도 없는 것이고, 논리적인 사고를 통하여 문제 해결 능력을 요구하는 과정에 감성적으로 문제를 풀어내려는 강사를 보낼 수도 없는 것이다. 이런 과정을 되풀이하면서 강사의 영역이 넓혀지기도 좁혀지기도 한다. 그러면서 자기가 잘하는 부분을 발견하거나 개발하게 된다. 교육회사는 기본적으로 강사들이 다양한 분야의 전문가가 되길 바라고 다채로운 수요에 응할 수 있기를 기대한다. 이렇게 회사의 요구에 부응하다 보면 교육시장에서는 소위 말하는 산전수전 공중전을 다 겪게 되는 것이다.

시작은 누구에게나 미미하다

누구에게나 처음이 있다. 처음은 누구나 서툴기 마련이다. 완숙한 예술가들 중에는 젊은 시절 자신의 작품이 너무 유치하고 수준이 낮아 쥐구멍에 들어가고 싶을 정도로 창피함을 느끼는 사람들이 있다. 그래서 당시의 작품들을 모두 회수하고 싶지만 이미 자신의 소유가 아니기 때문에 별 방법이 없어 괴로움을 느낀다는 사람들이 많다. 강사들의 경우도 마찬가지로, 어떤 강의들은 정말 생각하고 싶지 않을 정도로 창피할 때가 있다. 아무런 밑천 없이 어떻게 그런 강의를 감히 맡을 생각을 했었는지, 어떻게 그런 주장을 단정적으로 할 수 있었는지, 어떻게 그런 수준의 강의를 하고 올 수가 있었는지 자신을 용납할 수 없는 경우도 많다. 그러나 어쩌겠는가? 사람은 부족함과 부끄러움을 딛지 않고는 발전할 수가 없는 것을. 처음부터 잘할 수는 없지 않겠는가?

지금은 베테랑이 된 강사의 일화다. 그에게는 강의가 본업인 친구가 있었다고 한다. 어느 날 급하게 연락이 와서 만났더니 강의를 하나 부탁하더라는 것이다. 본인의 일정과 겹쳐 요청받은 곳 중 한 곳을 갈 수 없으니 대신 좀 가달라는 부탁이었다. 강의 경험이 전혀 없는 입장에서 도저히 받아들일 수 없는 제안이었지만 친구가 방법을 하나 제시하더라는 것이다. 자기가 이번에 못 가는 강의는 대상만 달라질 뿐 매번 같은 내용이 되풀이되는 강의이니, 그때까지 진행한 몇 번의 강의를 잘 듣고 그대로만 따라 하면 된다는 것이었다. 얼핏 생각해보니 가능할 것도 같고 새로운 일을 계획하고 있던 차에 좋은 경험이 될 것 같아서 받아들였다고 한다. 이후 친구의 강의를 몇 차례 반복해서 들으며 강의 내용을 일일이 받아 적고는 거의 그대로 암기했다고 한다. 드디어 강의를 대신하는 날이 왔고 준비한 대로 1시간을 마쳤다고 한다. 그러고는 쉬는 시간을 맞게 되었는데 강의를 듣고 있는 사람 중의 하나가 묻더라는 것이다. "오늘 강의 처음 해보시는 거죠?"라고. 그 황당한 이야기와 당황스러웠을 장면이 떠올라 한참을 웃었던 기억이 있다. 지금 그 강사를 보면 그런 시절이 있었을 것이라고 아무도 상상하지 못할 것이다.

시작은 원래가 미미하고 보잘것없게 마련이다. 아주 드문 일이지만 교육 현장에서 교육 담당자로부터 퇴짜를 맞아 강의 시간을 다 채우지 못하고 돌아온 경험을 한 사람들도 있다. 물론 강의를 듣는 사람들의 항의가 있었기 때문이다. 그러한 순간의 창피함과 부끄러움은 무어라 표현하기가 어려울 정도이다.

세상의 많은 두려움 중 대중 앞에 서는 두려움이 죽음 다음으로 크다는 조사가 있다. 대중 앞에 선다는 것은 누구에게도 쉽지 않은 일이다. 언젠가 GE의 잭 웰치(Jack Welch) 회장의 방송 대담을 들은 적이 있다. 사회자가 "당신이 말을 잘하기 때문에 교수가 되었어도 좋았을 것이라고 생각하는 사람들이 많다. 리더십이란 무엇인지에 대해서 이야기해달라"라고 요청하자, 그는 먼저 평소 생각하던 리더십의 5가지 요건인 에너지(Energy), 에너자이저(Energizer, 남에게 에너지를 주는 것), 결정 능력(Edge), 실행력(Execute), 열정(Passion)을 이야기했다. 그 다음, 다시 사회자가 "그런 리더십을 갖춘 사람은 태어나는 겁니까? 훈련받는 겁니까?"

라고 질문하자, "리더십이란 훈련받는 것입니다. 나 또한 지금은 대중 앞에서 편안하게 이야기하지만 35년 전만 해도 원고 없이는 어떤 이야기도 하지 못했습니다"라고 대답했다. 천하의 잭 웰치도 대중 앞에 서서 말하는 것을 두려워했다는 것이다. 결국 대중 앞에 서는 일을 반복함으로써 자신감을 얻고 두려움을 극복하게 됐다는 이야기다. 나 역시 초창기에는 강의 의뢰가 올 때마다 반가운 마음이 드는 동시에 걱정이 앞섰다. 도대체 어떤 내용을 준비해야 할지 막막하기도 했고, 강의 주제가 정해져 있어도 갖고 있는 콘텐츠가 부족해 시간을 때울 일이 난감하기도 했다. 강의 현장에서는 시작 직전까지 초긴장 상태이곤 했다. 심한 울렁증으로 시작하자마자 양해를 구하고 화장실로 뛰어간 적도 있었다. 고급인력이 모인 곳, 직급이 높은 사람들이 대상인 경우에는 그 증상이 더욱 심했다. 경험이 많다고 해서 이러한 긴장이 아주 사라지는 것은 아니다. 단지 그 긴장을 두려워하기보다 즐기게 된다는 표현이 맞을 것 같다. 콘텐츠가 탄탄할수록, 준비가 잘 되어 있을수록, 이러한 긴장은 급격히 사라진다. 충분한 준비와 반복되는 경험을 통해서 한 사람의 뛰어난 강사가 만들어지는 것이다. 처음부터 모든 걸 잘하는 사람은 없다.

좌충우돌의 시행착오는 필수

강의와 관련된 문제가 강의 현장에서만 일어나는 것은 아니다. 어느 날, 오랜만에 늦잠을 즐기고 있을 때였다. 휴대전화 벨소리가 울렸다. 아무런 생각 없이 전화를 받았는데 "선생님, 지금 어디쯤 오고 계세요?"라는 교육 담당자의 목소리가 들렸다. 순간 뭔가 심상치 않은 상황이 발생했다는 직감이 들었고 순식간에 온몸과 마음은 긴장 상태가 되었다. "어디쯤 오고 계세요?"라는 질문은 교육 현장에 있는 스태프들이 혹시라도 교육에 차질이 생길까 우려하여 미리 강사의 동선을 체크하는 일상적인 업무임을 너무 잘 알고 있기 때문이다. 교육 장소가 지방일 경우 보통은 강의 시작 1~2시간 전에 받게 되는 익숙한 전화다.

"강의 날짜가 오늘이었나?"

"예, 그렇습니다. 지금 어디세요?"

"……."

문제는 강의 장소가 창원이었고, 시작이 오후 1시인데 내가 전화를 받은 시간은 10시, 장소는 일산이었다는 것이다. 세상에서 가장 빠른 동작으로 씻고 입고 컴퓨터를 챙겨 택시를 타고는 공항으로 향했다. 그날 따라 날씨가 좋지 않았고 결항이 생기면서 공항도 북새통이었다. 좀 빠른 비행기를 구할 수 있을까 여기저기 전화를 해봤지만 방법은 없었다. 결국 1시 비행기를 타게 되었다. 강의가 이미 시작하는 시간에 출발을 한 셈이었다. 비행기를 타기 직전 교육 담당자에게 부탁을 했다. 3일간의 장기 과정이니까 먼저 각자 소개하는 시간을 좀 가지라고. 비행기에 앉아 있는 내내 마음이 편할 수가 없었다. 약 1시간의 비행이 마치 국제선을 타고 해외로 가는 것만큼이나 길게 느껴졌다. 마침내 김해 공항에 내릴 즈음, 착륙하려는 비행기가 심하게 흔들렸다. 측면에서 강하게 바람이 불고 있었던 것이다. 비행기는 태풍을 뚫고 달릴 수 있을지언정 속력을 낮춘 상황에서 측면으로 부는 바람에는 한없이 취약하다. 비행기는 다시 공중으로 솟아올랐다. 착륙을 포기한 것이다. 이렇게 한 번 착륙의 기회를 놓치면 다시 선회하여 착륙을 시도하기까지 약 10여 분의 시간이 걸린다. 이러기를 세 번. 그동안 해외 출장도 숱하게 다니고 국내선으로 서울 부산을 한두 번 오간 것도 아니었지만 그런 경우는 처음이었다. 착륙하여 택시를 타게 된 시간이 거의 2시 30분이었다. 다시 교육 담당자에게 전화를 걸어 이번에는 팀을 짜서 팀장을 뽑고, 그라운드 룰을 정하고, 구호를 만드는 팀 활동을 하고 있어달라고 부탁했다. 모범택시를 잡아타고 요금은 두 배를 지불하겠으니 최대한 빨리 가달라고 말했다. 결국 3시가 넘어 강의를 시작하게 되었다. 보통의 경우라면 큰 문제가 발생했을 것이다. 다만 사흘간의 과정이었고 남은 기간 동안 분위기를 반전할 기회가 충분했다는 것이 다행이었다. 또한 정부 예산으로 다양한 중소기업에 종사하는 직원들에게 제공되는 교육이어서 조금은 그 관리와 긴장도가 덜했다는 것도 큰 문제없이 지나갈 수 있었던 이유였다. 물론 내가 진행하지 못한 시간에 대한 강사료는 교육 담당자에게 지불이 되었다.

이후 강의 시간을 착각해 문제가 발생한 일은 없다. 일정과 시간에 대한 착오, 예기치 못한 문제로 강의에 차질을 빚는 일은 강사로서 절대 저질러서는 안 되는 일이다. 10년 이상 일정치 않은 스케줄을 소화하면서 실수하지 않는다는 것이 쉬운 일은 아니다. 건강을 비롯해 철저하게 자신을 관리해야 하는 이유다.

한 번은 수원에서 강의를 끝내고 다음 날 아침 부산에서 강의를 해야 했다. KTX를 천안에서 타야 해서 강의가 끝나자마자 부지런히 차를 몰아 천안역에 도착했다. 그런데 아무리 살펴보아도 컴퓨터가 보이지 않았다. 옷을 벗어 뒷자리에 정리해놓고 급하게 차를 빼는 와중에 컴퓨터를 주차장에 놓고 온 것이었다. 기차표는 날린 채로 다시 수원으로 돌아갔다. 다행히 모두가 퇴근한 어두운 주차장에 두고 온 터라 컴퓨터는 그대로 있었고, 그 길로 부산까지 밤새도록 운전을 했다.

한 번은 여름에 문제가 있었다. 다음 날 아침 강의가 있어 전날 연수원에 묵었어야 하는 날이었다. 강의에 필요한 양복 상·하의와 와이셔츠, 넥타이 등을 챙겨 짐을 꾸렸다. 한 손에는 컴퓨터를 들고 다른 한 손으로는 옷가지를 챙겨서 차의 뒷좌석 옷걸이에 정성스럽게 걸어놓았다. 면도기, 칫솔, 치약 등은 대체로 가방에 들어 있는 물품이다. 반바지에 슬리퍼 차림으로 운전을 하고는 연수원에 도착하여 일찍 잠자리에 들었다. 아침 일찍 일어나 옷을 챙겨 입는데 맙소사, 벨트를 빠뜨리고 온 것이다. 어떤 날에는 양말을 챙기지 않았고, 심하면 구두를 가져가지 않은 경우도 있었다. 벨트를 빼놓고 온 날은 구내매점에서 새 물건을 구입했고, 양말은 마침 여벌을 가지고 있던 동료 강사에게 빌렸으며, 구두는 근처 시장에서 급히 사 신었다. 지나고 나면 웃을 일이지만 당시에는 보통 황당한 일이 아니었다. 이런 일을 한두 번 겪게 되면, 강사들의 차 안에는 다양한 비상사태에 대비한 도구들이 늘어난다. 대중교통을 이용하는 경우에는 이마저도 활용할 수가 없으니 늘 체크리스트를 준비하여 미리미리 점검하는 수밖에 없다.

한 여성 강사에게 이야기를 들어보니, 시간에 쫓기다 보면 화장할 시간을 놓치는 경우가 많다고 했다. 강의 시작까지도 화장을 할 수 없었던 이 강사는 쉬는 시간마다 조금씩 화장을 할 수밖에 없었다. 강의가 진행됨에 따라 매시간 미모가 나아지는 기적을 보면서 사람들이 매우 놀라워했다고 한다. 립스틱을 챙겨오지 못해 교육도구인 매직펜을 임시로 썼다는 사연까지 들어보았다.

거의 대부분의 강의에서 컴퓨터와 빔 프로젝트를 사용하는 요즘의 교육 환경에서는 컴퓨터와 빔 프로젝트의 호환 여부, 각종 기기의 작동 유무, 코덱에 따른 동영상의 구현 등에 문제가 없는지 철저히 확인해야 한다. PPT에 의존하는 강의가 대부분이기 때문에 PPT를 구현할 수 없는 환경이 되면 강의 자체가 거의 불가능해진다. 어느 추운 겨울날 차량 트렁크에 싣고 온 컴퓨터를 따뜻한 실내로 가져온 상태에서 부팅을 하다 일종의 합선이 일어나 컴퓨터에 담겨 있는 자료를 사용하지 못하고 낭패를 본 강사도 있다. 이후 이 강사는 컴퓨터를 차 안에 싣고 다님은 물론 예비용 컴퓨터를 갖고 다니기도 했다. 거의 모든 공간에서 인터넷을 사용할 수 있는 오늘날의 환경에서는 자신에게 자료를 메일로 보내놓거나, N드라이브 등에 미리 저장해놓고 출발하는 것도 방법이다. 이런저런 이유로 많은 강사들이 자신의 노트북을 직접 현장에 설치하여 강의하는 것을 원칙으로 하고 있다. 많은 기관에서 편의성을 위하여 USB만 가져

와서 꽂으면 된다고 하는데, 이런 경우 준비한 자료(동영상, 폰트)가 원활히 기능하지 않는 경우가 종종 있게 마련이어서 가급적 자신의 컴퓨터를 사용한다.

강사의 운명을 좌우하는 평가점수

강의를 하는 시간 외에 특별히 강사에게 주어지는 의무는 없다. 회사에 소속되어 있는 경우도 마찬가지다. 강의가 없는 날에 회사에 나오라고 하는 교육회사도 없고, 서류 정리 등 잔무가 있는 것도 아니다. 강의하는 시간 외에는 온전히 자유시간이 되는 것이다. 강의 전후에 주변 풍경이나 명소를 둘러볼 수도 있고, 유명 음식점에 가볼 수도 있다. 강의가 없는 날에는 대체로 강의와 관련된 책을 보면서 지내는 것이 강사들의 일상이라고 볼 수 있다. 강의 시간이 많다는 것 외에는 대학 교수의 일상과 크게 다를 바가 없다. 이 여유 시간을 어떻게 활용하느냐에 따라 강사의 수명이 달라진다고 봐야 할 것이다. 요즘같이 미디어가 발달하고 각종 정보가 오픈되어 넘치는 세상에 빛바랜 자료를 쓴다거나 만인이 알고 있는 내용으로 강단에 설 수는 없는 노릇이다. 그럼에도 불구하고 많은 강사들이 구태의연한 교육 방식에 의존해서 버티고 있다. 얼마 가지 않아 도태될 것이 분명하다.

　교육회사 내에서는 조금이라도 더 많은 강의를 배정받기 위해 보이지 않는 경쟁이 치열하다. 일부 강사는 교육을 배정하는 스태프들과의 관계를 보다 돈독히 하는 데 신경을 써서 관행적이지 않은 선물을 하기도 한다. 교육이라는 독특한 시장은 고객사의 평가에 의해 성패가 결정되는 곳이니만큼 이는 잘못된 판단이다. 강사는 강의를 잘하는 것만이 회사와 고객사에 보답하는 길이고 자신의 생명을 연장하는 일임을 명심해야 한다.

강사가 울고 웃게 되는 시간이 있는데 바로 강의 평가를 받을 때다. 강의 평가는 리커트 척도(Likert type scale)를 사용하며 5점 만점을 기준으로 한다. '매우 만족-만족-보통-불만족-매우 불만족'의 5단계를 놓고 수강생이 평가를 하는 것이다. 강사의 전문지식, 강의 방식과 효과, 전달력 등 평가 항목은 다양하다. 심지어 식사와 교육 환경, 숙소 문제에 관해 설문하는 경우도 있다. 강사 평가 부문에서는 '만족'이라는 표현 대신 '우수'라는 표현을 사용하기도 한다. 개인적으로는 이러한 평가 방식이 교육의 질과 효과에 미치는 영향에 대해서 회의적이지만, 이 점수는 교육업계에서 절대적인 기준으로 적용되고 있다. 대부분의 기관이 오랜 기간 동안 이 방식을 평가의 척도로 사용해왔기 때문에, 과학적 합리성은 담보하지 못하더라도 상대적 비교를 통한 경험치적 권위는 충분히 정립이 되었다고 봐야 할 것이다.

교육회사의 소속 강사들은 언제, 어느 기관에서, 어떤 주제로, 누구에게 강의하느냐에 관계없이 평균 4.0 이상의 평가를 받아야 한다. 이것이 미니멈 기준이다. 다시 말해 4.0 미만일 경우에는 문제가 된다. 문제가 된다고 해서 갑자기 회사에서 잘리거나 문책을 받지는 않지만 강사에 대한 인식이 달라진다. 아울러 강의를 배정하는 스태프들의 선호도도 떨어진다. 어떠한 악조건에서도 최소한 4.2 이상의 평가는 받아야 한다. 4.5 이상의 점수를 받았다는 것은 강의를 아주 잘했거나 혹은 상당한 호응이 있었다는 뜻이다. 5.0을 기록하는 경험도 한두 번씩은 하게 된다. 이렇게 높은 점수가 나오는 이유는 사실 기관의 문화나 분위기와 더 밀접한 관련이 있다고 생각한다. 어쨌든 강의에 대한 평가를 '매우 만족' 혹은 '매우 우수'로 체크하게 만드는 것은 쉬운 일이 아니다. 고급 인력이 모여 있는 곳에서는 더욱 그렇다. 이러한 점수가 강사들에게는 너무도 예민한 문제여서 특별한 경우가 아니면 스태프들과 회사의 경영진만 확인하고 넘어간다. 만약 문제가 되는 점수가 나왔을 때는 인과관계를 분석하고 고객사에도 해명을 해야 하기 때문에 강사에게도 전달이 된다. 점수가 낮게 나오면 해당 강사에게 상처가 되어 이를 잊어버리는 데 꽤나 오랜 시간이 걸린다. 갑자기 자신감을 잃기도 한다. 물론 점수가 잘 나오고 고객사의 반응이 좋았다는 평가를 받게 되면 세상을 다 얻은 듯한 기분이 된다.

바로 이 지점에 강사 세계의 애환이 있다. 이러한 애환은 회사에 소속된 강사들만 느끼는 것이 아니다. 강의를 하는 누구라도, 강의가 좋았다는 피드백을 받으면 천하를 다 얻은 느낌이 들기도 하고, 반대의 경우엔 모든 의욕이 사라지는 경험을 하기도 한다.

강사는 최종 해결사

강사의 위치는 교육과 관련된 전체 프로세스에서 핵심과 정점에 있다고 봐야 한다. 교육 의뢰에서 평가까지의 과정을 살펴보면 금세 이해할 수 있다. 다음은 고객사 사장님이 주재하는 임원회의의 광경이다.

"나는 우리 회사 영업사원들이 고객만족이라는 개념을 모르고 있다는 생각이 들어. 그렇지 않고서야 이렇게 대리점주들과의 관계가 안 좋을 수가 있어? 늘 분쟁에 휘말리니 말이야. 우리의 제품은 가격이나 품질 면에서 충분히 경쟁력이 있다는 분석이 나오는데, 영업이 저조한 이유는 결국 사람의 문제 아니겠어? 협상 능력도 부족한 것 같고, 문제 해결 능력, 리더십도 부족해서 그런 것 같아. 교육이 좀 필요하다는 생각이 들어. 요즘 좋은 교육 프로그램이 많다고 하니 한 번 관리 이사가 알아봐. 바쁘겠지만 다음 달 중으로 전 영업사원이 의무적으로 교육을 받을 수 있도록 계획을 세우도록."

사장님은 지금 회사의 문제를 영업사원의 능력과 마인드에 있다고 보는 것이고 이는 교육을 통해 상당 부분 개선될 것으로 기대하고 있다.

이 지시를 받은 관리 담당 임원은 인사 총무부장을 부른다.

"사장님께서 오전 임원회의에서 영업사원 교육 계획을 세워보라고 지시하셨어. 교육의 목표는 영업사원의 역량과 마인드를 제고시켜서 궁극적으로는 판매를 확대하는 것인데, 이러한 목적에 부합하는 교육 프로그램이 어떤 것이 있는지 빨리 좀 알아봐. 계획에 없던 예산을 쓰는 일이고, 바쁜 영업사원들 시간 빼서 하는 교육이니 잘 알아봐야 해. 사장님

기대가 크셔."

　이러한 지시는 인사과장이나 대리에게 다시 전달이 된다.

　"잘 알아봐야 해. 사장님이 관심을 갖고 직접 지시하신 내용이라고 하니까."

　실무를 최종적으로 맡은 대리는 우리나라 교육업체의 현황을 인터넷을 통하여 검색하기 시작한다. 동시에 다른 회사에 다니는 친구들이나 동종업계 지인들에게 전화를 돌린다.

　"요즈음 이런 거 잘하는 교육회사가 어딥니까? 이런 교육은 어디에 가서 받아야 하나요? 알고 계신 내용 있으시면 좀 알려주세요. 급합니다."

　이렇게 모은 정보를 바탕으로 몇 군데 교육회사를 선정한 후 연락을 한다. 이러한 전화는 대체로 큰 교육회사에 올 확률이 높기 때문에, 주로 대형 업체들이 교육 기회를 잡게 된다. 대형 업체와 진행을 해야 상사에게 회사를 선정한 이유도 쉽게 설명할 수 있고, 문제가 발생했을 때도 수습이 가능하다.

　교육회사의 담당 스태프를 찾은 후에는 다음과 같은 회사의 상황을 전하게 될 것이다.

　"전사 영업사원을 대상으로 교육을 좀 하려고 합니다. 영업사원의 역량과 마인드를 향상시킬 수 있는 프로그램이 필요합니다. 사장님 직접 지시 사항이구요. 다음 달까지는 교육을 모두 마쳐야 하기 때문에 일정이 매우 급합니다. 예산을 확보하기 위해서 미리 금액을 기획과 경리 부서에 통보해야 하고요. 이번 주 내에 제안서를 좀 받아볼 수 있을까요?"

교육회사는 전자메일로 보다 자세한 고객사의 상황을 전해받고 제안서 작성에 들어간다. 프로그램의 목적과 기대 효과 등이 화려한 문장과 세련된 PPT로 포장이 되어 이를 담당할 강사의 이력과 함께 고객사에 전달된다. '이번 교육으로 당신들의 고민은 바로 해결이 될 것입니다!'라는 제안서의 마지막 구호와 함께.

보고를 받은 사장님이 관리이사와 동석한 인사팀 관계자들과 말씀을 나눈다.

"그래, 어쨌든 이 교육을 받으면 내가 말했던 문제들이 해결이 되는 거지? 교육에 차질이 없도록 하고, 당장 영업에 지장이 있더라도 한 사람도 교육에 불참하는 사원이 없도록 해."

그렇다면 이렇게 두 회사를 오간 중요한 사안들을 최종적으로 해결하는 사람은 누구인가? 결국은 강사가 된다. 사장님의 "이번 교육 어땠어? 좀 도움이 됐나?"라는 질문에, 교육을 받은 영업사원들의 입에서 "예, 대단히 도움이 됐습니다. 영업하는 방법과 마인드에 많은 변화가 생길 것 같습니다. 좋은 교육을 받게 해주셔서 감사합니다"라는 이야기가 나와야 하는 것이다. 그렇게 되어야 또한 "당신들의 문제를 해결해 드리겠습니다"라고 약속한 교육회사의 위신도 서게 되는 것이다. 반대로 강의에 대한 만족도가 낮게 나오면 사장님으로부터 지시를 받았던 관리 담당 임원, 인사 총무부장, 과장, 대리가 모두 곤란해지고, 제안서에 온갖 교육 효과를 나열하면서 해당 강사를 추천했던 스태프 역시 난처한 입장이 되어 고객사와는 다시 만나기 어려운 관계가 된다. 과장된 측면이 없지 않아 있지만 사실에 가까운 이야기다. 그만큼 강사의 역할이 중요하다. 그래서 강사는 외로운 직업이다. 잘했건 못했건 온전히 혼자서 온몸으로 이 모든 부담감을 감당해내야 하기 때문이다.

이렇게 회사에 몸담고 있는 동안 나는 많은 콘텐츠를 접했고 다양한 교수법을 배웠다. 외국의 프로그램도 공부했고 그것을 교육할 기회도 가져봤다. 삼성전자나 현대자동차 등 대기업의 장기 차수 교육이 수주되었을 때 동료 강사들과 콘텐츠 개발에도 참여했다. 이렇게 정신없이 강사 생활을 하면서 나의 40대가 지나갔다. 이러는 동안 극한으로 치닫던 경제 문제도 상당 부분 해결이 되었다. 나는 아직까지도 이 기간 나의 보호처가 되어 인생의 어려운 시기를 무사히 지날 수 있도록 해준 교육회사에 감사하고 있다. 나는 5년의 기간 동안 교육회사에서 경험을 한 이후에 드디어 독립을 했다. 느슨한 파트너십 관계에 있던 강사들을 내부 직원으로 전환하려 했던 회사 정책 탓도 있었고 진정으로 독립하지 않으면 안 되겠다는 판단을 내리게 되었기 때문이다.

한 우물을 파는 강사가 돼라

이제까지는 교육회사에 속해 강의를 하게 되면 얻는 장점들에 대해서 이야기했는데, 모든 일에 장점만 있는 것은 아니므로 단점에 대해서도 이야기하고자 한다. 단점이란 말이 정확한 표현같지 않지만 말이다. 앞서 이야기했듯이 회사에 속해 있을 때의 최대 장점은 소속감과 안정감을 얻을 수 있다는 것이다. 수입도 월급을 타는 것처럼 정확한 날짜에 비슷한 금액이 들어온다. 그에 반해 회사에서 요구하는 강의는 내가 잘하는 분야이건 싫어하는 분야이건 관계없이 무조건 소화해내야 한다. 비록 어떤 강의는 못하고 어떤 강의는 안 하겠다 말할 수는 있지만, 이것이 반복되면 강의를 제대로 배정받을 수 없게 된다. 내용과 대상이 까다롭고 힘든 강의를 소화해준다는 것은 어렵게 강의를 수주해온 스태프들을 도와주는 일이 되기도 하기 때문이다. 어렵게 영업해온 프로젝트를 아무도 하지 않으려 하면 스태프가 곤란해진다. 물론 어찌저찌 외부에서 전문가를 찾아 해결은 하겠지만, 그렇게 되면 회사 내부에 있는 강사들의 위상이 점차 낮아질 수밖에 없다. 그러므로 대부분의 강사는 주변의 도움을 받는 한이 있더라도 어떤 방식으로든 그 강의를 소화해내야 한다. 이것이 회사에 몸담고 있을 때의 상식적인 태도다. 그렇지만 이렇게 10년을 강의한다고 생각해보자. 회사 내에서 강의를 잘하는 강사라는 평가는 받겠지만 세상에서 나를 알아주는 사람은 어디에도 없게 된다. 그동안 다녔던 고객사는 회사를 기억하는 것이지, 나를 기억해주는 것이 아니기 때문이다. 그렇게 지내다 보면 회사 내에서도 젊은 강사들에게 점차 밀려나게 되면서 대개의 직장에서처럼 누가 뭐라고 하지 않더라도 그만둘 수밖에 없는 나이를 맞게 된다.

불교에 적절한 예화가 있지 않은가. 코끼리에 쫓겨 넝쿨을 잡고 우물로 몸을 피했더니 아래로는 뱀이 우글거린다. 위에서는 코끼리가 위협을 하고 밑에서는 뱀이 공격해오는데 쥐가 한 마리 나타나 넝쿨을 갉아먹기 시작한다. 그때 어디선가 날아온 벌들이 꿀을 떨어뜨려 준다. 이에 죽을 고비에 놓인 사람도 꿀맛에 취해 위기의 상황을 잠시 잊는다는 이야기다.

월급쟁이가 매달 꼬박꼬박 나오는 급여의 매력에서 벗어나지 못하는 것처럼, 회사의 그늘을 벗어나 독립한다는 것은 또 다른 모험이 된다. 최초로 프리랜서의 길을 걷겠다고 결심했을 때만큼이나 힘든 결정을 내려야 하는 시기가 오는 것이다. 독립을 하려면 자신만의 독특한 프로그램이 있어야 한다. 무슨 강의든지 주기만 하면 잘한다는 말은, 마치 면접 자리에서 '시키는 일은 무엇이든 잘할 자신이 있다'고 말하는 것만큼이나 미덥지 못한 대답이다. 회사에 소속되어 있을 때는 잘나가던 강사가, 보호막 없는 치열한 경쟁 상황에서는 아무런 특기 없는 무명의 강사로 추락하고 마는 것이다. 이곳저곳 교육회사를 기웃거리며 네트워크를 쌓고자 노력하겠지만 이미 그곳에는 나름의 검증을 거치고 관계를 유지하고 있는 강사들이 자리 잡고 있기 때문에 좀처럼 강의 기회가 오지 않는다.

이름난 음식점은 대개 특별한 메뉴로 승부하는 집이다. 메뉴가 많다고 해서 고객이 몰리는 것은 아니다. 1가지로 승부하려다 보면 남들보다 유별나게 잘할 수 있어야 하고, 다른 음식을 찾는 손님들을 아쉽게 돌려보내면서 힘든 기간을 버텨야 한다.

기다리던 교육 의뢰가 와서는 "선생님, 리더십 강의 가능하시죠?"라고 묻는데 "죄송합니다. 이제 저는 영업 관련 강의만 합니다"라고 거절할 수 있겠는가? 더군다나 회사를 나와 찬바람을 맡고 있는 상황에서 말이다. 그렇지만 이렇게 지나가는 손님 모두 다 잡으려 하다 보면 메뉴가 주렁 주렁 걸린 동네식당으로 추락할 수밖에 없다.

이런 예를 하나 들어보자. 핵 발전소에 문제가 생겼다. 발전소 내에 있는 기술자들이 모두 나서서 문제가 발생한 곳을 고치려 했지만 실패했다. 최고의 기술자를 불러 진단을 맡겼더니, 이틀 동안 여기저기를 다니며 살펴보고 나서는 어떤 계기에 'X'표시를 했다. 그러고는 여기에 문제가 있으니 이곳만 손보면 해결될 것이라고 했다. 그의 말대로 해당 장치를 교체하자 발전소가 정상화되었다. 일주일 후 기술자로부터 1만 불짜리 청구서가 날아오자, 아무리 핵 발전소의 손실을 막아줬다 하더라도 달랑 'X' 표시 한 군데 친 대가치고는 너무 비싸다는 생각이 들어 이에 대한 해명을 요구했다. 그랬더니 'X 표시 1달러, 어디에 X를 쳐야 할지 찾아내는 데 9,999달러'라는 답장이 왔다고 한다. 전문가가 된다는 것은 어디에 'X'를 쳐야 할지 찾아내는 과정이다. 강사 또한 자신의 'X' 지점을 찾아야 한다. 그것이 강사로서 성공하는 것이다.

회사에 소속되어 있는 동안 윤리경영과 관련된 프로젝트를 개발할 기회가 있었다. 당시는 황우석 박사 사건을 계기로 우리 사회 곳곳의 비윤리적 관행들이 들춰지던 시기였다. 정부의 예산으로 운영되는 많은 연구기관에서 비슷한 일이 벌어졌기 때문에 정부는 관련 법을 제정하게 되었고, 그중 한 연구기관이 맡게 된 프로젝트의 용역이 회사를 통해 나에게까지 전달된 것이었다. 어쨌든 그 일을 계기로 윤리경영과 관련된 강의를 진행하게 되었다. 이 분야의 강의는 결코 쉽지 않다. "나쁜 짓 하지 마라"라는 너무도 당위적인 내용을 강의해야 하기 때문이다. 여기서 말하는 '나쁜 짓'이란 삼척동자도 알 만한 것이다. 다만 실천이 안 되는 것일 뿐. 강의를 듣는 대상의 입장에서도 예비 범죄자 취급을 받는 것이니 기분이 좋을 리가 없다. 이 재미없고 빤한 이야기를 지루하지 않고 의미 있게 해야 한다는 것이 쉽지 않았다. 오랜 연구와 공부 끝에 나는 다산 선생을 연구했던 개인 경험을 합하여 기업에서는 '윤리경영'을 공공기관에서는 '청렴'을 재미있게 전달하는 방법을 개발했고 현재 많은 호응을 얻고 있다.

강사는 결국 한 우물을 파야 한다. 냉면 하면 떠오르는 집이 있듯이 어떤 주제를 떠올렸을 때 생각나는 강사가 되어야 한다. 자신을 브랜드화하는 다양한 방법에 대해서는 계속해서 아이디어를 나누도록 하겠다.

강의 노트

- 발전과 변화의 계기는 진심으로 '관계' 맺고 있는 사람들로부터 일어난다.
- 모더레이팅을 적용한 강의는 강사가 강의에 안정적으로 적응할 수 있도록 도와주며 청중 역시 흥미롭게 강의에 빠져들도록 도와준다.
- 강사의 세계에서는 100점을 맞기보다 80점 밑으로 떨어지지 않아야 한다.
- 교육회사에서 실시하는 강의 영역은 크게 업무 성과, 리더십, 영업/CS, 조직활성화 영역으로 나뉜다.
- 충분한 준비와 반복만이 한 사람의 뛰어난 강사를 만든다.
- 여유시간에 얼마나 자신의 발전을 위해 노력하느냐에 따라 강사의 수명이 결정된다.
- 강사는 고객사와 몸담고 있는 회사의 기대와 요구에 부응해야 하는 해결사라는 사명을 가져야 한다.
- 강사의 이름이 곧 자신의 브랜드가 될 수 있도록 한 우물을 파는 강사가 되어야 한다.

02

강사가 되는
다양한 길

언젠가 교수로 있는 친구가 SNS에 올린 글을 봤다. 나이가 든 사람들이 인문학 강좌에 몰리는 것을 보고 언제까지 관념의 세계에서 살 것인지 비판하는 내용이었다. 이는 '제2의 성인기'라 불리는 50대와 60대를 잘 못 이해했기 때문에 한 말이다. 이 시기는 직장 중심의 사회적 관계가 소멸되고 가족으로부터도 소외되면서 정신적으로 위축되는 때이다. 이 시기에는 자신의 내면에 대한 성찰을 극대화하고 실존적 자아를 찾는 과정이 시작된다. 지나간 날들을 되돌아보는 동시에 남은 미래를 위해서도 대대적으로 삶을 구조조정하는 때가 되는 것이다.

은퇴자의 대부분이 은퇴 후에도 계속 일을 하고 싶어 한다고 한다. 이는 노후가 잘 준비되어 있든 아니든 큰 상관이 없다. 주로 사무직에서 일했던 고학력의 은퇴자에게, 일이란 생계수단 이상의 의미가 있다.

직장생활을 하는 동안에는 모든 의무에서 해방되어 그야말로 '쉬는 것'이 꿈이었겠지만, 막상 일이 없어지면 출근하는 사람들을 부러워하게 마련이다. 이는 '인간은 사회적 동물이다'라는 명제를 다시금 떠올리게 한다. 쉬는 기간이 몇 달만 지속이 되어도 사회와의 끈이 하나둘 떨어져 나가는 느낌이 들고 자신감도 급격히 사라진다.

2030과 5060의 공통된 고민이 '취업'이라고 했던가. 뿐만 아니라 '내가 무엇을 좋아하는지', '내가 잘 하는 일은 무엇인지', '의미 있게 세상을 산다는 것은 무엇인지' 등의 고민을 다시 한다는 점에서도 공통점이 있다. 다른 점이 있다면 젊은 시절에는 직업을 선택할 때 경제적 보상을 우선순위에 뒀겠지만, 나이가 들면 '재미있는 일', '좋아하는 일', '사회적으로도 공헌할 수 있는 일'을 먼저 고려하게 된다.

최근 머슬로(Abraham H. Maslow)의 이론이 다시 인식되고 있는데, 그의 욕구단계 이론이 여전히 유효하다고 생각하는 사람이 많기 때문이다. 그의 이론에 따르면 아래부터 생존의 욕구, 안전의 욕구, 소속의 욕구가 단계적으로 형성되고 상위로 올라갈수록 인정의 욕구, 자아실현의 욕구가 이어진다는 것이다. 요즘 청년들의 취업이 사회적 문제가 되고 있는데, 취업이 되지 않는다는 것은 생존, 안전, 소속이라는 기본 욕구가 충족되지 않음을 의미한다. 마찬가지로 실직을 한다는 것 역시 이 3가지 요소를 잃게 되는 것을 말한다. 일을 한다는 것, 사회와 연결망을 유지한다는 것은 우리 삶의 중요한 요소다. 소속감의 부재는 한국의 베이비부머들이 은퇴 후 겪는 정서적 불안의 주요 원인으로 작동한다. 아울러 고령화사회가 되면서 새로운 연구 결과가 주목받고 있는데 다음과 같은 것들이다.

- 중년이 되어서야 비로소, 뇌에 들어오는 직접적인 정보를 가공해 분석할 수 있는 능력이 극대화된다.
- 추론하는 능력은 40세에서 60대 초기에 가장 우수하다.
- 성격상의 장점을 키우고 단점을 억제하는 능력과 여러 모순되는 아이디어를 평가하고 목표를 발견하는 능력은 50~60대에 최고가 된다.

그러므로 강의를 한다는 것은 경제적 이익의 유무를 떠나 사회적 유대를 지속하는 중요한 수단이 될 뿐만 아니라, 인간의 욕구단계 최상위에 있는 자아를 실현하는 길이기도 하다.

누군가의 운명을 바꿀 수 있는 직업

강사가 되는 길은 우리의 생긴 모습만큼이나 다양하다. 강사가 되겠다는 뚜렷한 목표를 갖고 오래 준비하여 입문하는 사람이 있는가 하면, 아주 우연한 계기에 강의를 하게 되는 경우도 있다. 내가 강사라는 직업에 관심을 갖게 된 것은 외국의 '모티베이셔널 스피커(Motivational Speaker)'라는 직업을 알게 된 이후다. 막연히 글 쓰고 강의하며 사는 것을 이상적인 모습으로 그려왔던 나에게 이 직업은 아주 매력적으로 다가왔다. 따라서 '그래, 저게 궁극적으로 내가 가야 할 길이야!'라고 어렴풋하게나마 생각했던 것 같다. '모티베이셔널 스피커'는 우리말로 직역하면 '동기부여 강사'라고 할 수 있는데, 사람들에게 목표와 비전을 갖게 하고 이를 실현해가는 구체적인 방법론을 가르쳐주며, 이 과정에서 좌절하거나 중단하지 않도록 용기와 희망을 북돋아주는 직업이다. 이 얼마나 멋진 일인가! 당시 가슴이 설렐 정도로 멋지게 느껴지는 직업이었지만 바로 실천에 옮길 방법은 보이지 않았다. 당장 현실적으로 해야 하는 일들이 있었고 어디서부터 시작을 해야 하는 것인지가 막연했기 때문이다. 지금 이 책을 읽는 독자 중에도 비슷한 상태에 있는 분들이 꽤나 있을 것 같다.

이 분야의 원조는 아마도 데일 카네기(Dale Carnegie)가 아닐까 한다. 그는 1888년 미국 미주리 주 매리빌의 한 농장에서 태어났다. 대학 졸업후 네브라스카에서 교사와 세일즈맨 등으로 일하면서 많은 실패를 경험했다. 그러다가 1912년 뉴욕 YWCA에서 성인들을 상대로 대화 및 연설 기술을 강의하기 시작했는데 많은 사람들의 호응을 얻을 수 있었다. 이후 '인간관계'의 방법 등을 새로운 주제로 포함시켰다. 그 결과를 취합해 1936년《카네기 인간관계론(How to win Friends and Influence People)》을 출간했는데, 이 책은 전 세계에서 6,000만 부 이상 팔린 베스트셀러가 되었다. 이 책에는 '인간관계', '설득', '리더십' 등 오늘날에도 통용되는 주제들이 포함되어 있었고, 이후 그는 데일카네기연구소를 설립하여 '인간 경영'과 '자기계발' 강좌로 출발해 '시간 관리', '문제 해결' 등으로 점차 강의 범위를 넓혀갔다.

데일 카네기에게 동시대에 직접적인 영향을 받은 사람이 나폴레온 힐(Napoleon Hill)이었다. 나폴레온 힐은 미국 버지니아 주에서 태어났다. 지역 신문사의 서기로 근무했고, 탄광의 매니저 일도 했으며 변호사가 되려고 법대에 입학하기도 했다. 신문사 및 잡지사에 글을 기고하던 중 데일 카네기를 만나게 되었는데 이때 카네기가 1가지 제안을 했다. 그것은 '누구라도 그대로 믿고 실천하면 성공하는 어떤 원리가 있을 것'이라 생각하고 그러한 원리를 성공시킨 기업가를 찾아 인터뷰해보라는 것이었다.

힐은 이러한 도전을 받아들였고 약 20년에 걸쳐 성공한 기업가 507명을 만나 인터뷰하고 성공 원리를 조사했다. 이를 정리한 것이 그의 저서 《생각하라 그러면 부자가 되리라(Think and Grow Rich)》였다. 이는 세기적인 성공을 거둔 책이 되었고 나폴레온 힐 또한 성공 철학의 대표적인 인물이 되었다. 그의 저서 《생각하라 그러면 부자가 되리라》와 《성공의 법칙(The Law of Success)》는 지금까지도 널리 읽히고 있다. 데일 카네기와 마찬가지로 나폴레온 힐 역시 '나폴레온힐재단'을 만들어 많은 사람들에게 성공의 원리와 실천 방법을 교육했다.

우리나라의 경우 이 분야의 원조는 안병욱 선생이 아닐까 싶다(순전히 개인적인 견해이다). 안병욱 선생이 1920년생이니 우리나라의 동기부여와 관련된 역사도 서양과 비슷한 셈이다. 안병욱 선생은 평안남도 용강군에서 태어났다. 선생은 1943년 와세다 대학교 철학과를 졸업하고, 〈사상계〉의 주간과 연세대학교와 서울대학교 강사를 거쳐 숭전대학교(지금의 숭실대학교) 교수를 지냈다. 안중근의사기념사업회 이사, 도산아카데미연구원 설립 대표 등을 맡으면서 평소 본인이 존경하던 분들의 사상과 정신을 널리 알렸다. 나는 안병욱 선생의 강의를 성인이 되어 직접 듣기도 했지만 많은 부분은 청소년 시절 라디오를 통해 접했다. 선생은 당시 삶에 대한 진지하고 긍정적인 자세와 애국정신을 강조하셨는데, 강의를 듣고 나면 삶에 대한 반성과 새로운 결심을 하게 되곤 했다. 안타깝게도 몇 해 전 세상을 떠나 더 이상 그 분의 구수하고 통찰력 있는 강의를 들을 수 없게 되었다.

같은 연배의 김형석 선생도 계셨다. 선생은 평안남도 대동 출생으로 일본의 조치 대학교 철학과를 졸업하고 광복 후에는 중앙중고등학교에서 교편을 잡았다. 1954년 이후로 연세대학교에서 철학을 가르쳤고 이때 저술한《영원한 사랑의 대화》《인생, 소나무 숲이 있는 고향》을 바탕으로 강연을 하면서 요즘 말하는 힐링 멘토의 대표가 되었다. 기독교 신앙을 기반으로 인생의 근본적인 문제를 고민하고, 감사하는 삶을 강조하는 주옥같은 글을 다수 남겼다. 김형석 선생은 96세의 고령에도 불구하고 여전히 건강하게 사회생활을 하고 계시다. 두 분 모두 동시대를 살았던 사람들에게 용기와 희망을 선사했음은 물론 근검과 노력의 중요성을 알림으로써 긍정적으로 삶을 변화하는 데 적지 않은 영향을 끼쳤다.

위의 두 분과 같은 영향력은 아닐지라도, 누군가가 나의 이야기를 통해서 작게나마 긍정적인 변화를 결심하게 된다면 이처럼 보람된 일은 없을 것이다. 금강경에 보면 부처님도 삼천대천세계에 칠보로써 보시하는 것보다 타인을 위하여 좋은 이야기를 설파하는 것의 공덕이 훨씬 크다고 했다.

차세대 모티베이셔널 스피커들의 등장

데일 카네기와 나폴레온 힐 이후 외국의 동기부여 시장에는 세일즈로 성공한 사람들이 속속 진입했다. 세일즈맨이라 불리던 이들은 그들이 갖고 있는 각종 유무형의 상품을 팔던 사람들이었다. 세상 모든 일의 마무리는 세일즈라는 말이 있다. 아무리 좋은 물건을 만들어도 팔리지 않으면 모든 과정이 허사가 된다. 산업화 이후 각종 상품이 쏟아져 나오면서 세일즈는 기업의 명운을 좌우하는 역할을 하게 되었다. 이 시기에 성공한 사람들은 그야말로 무일푼에서 하루아침에 상상을 초월하는 부를 이루었다. 대표적인 사람이 브라이언 트레이시(Brian Tracy)였다. 그는 전형적인 자수성가형 백만장자라 할 수 있다.

브라이언 트레이시는 현재도 가장 유명한 동기부여 전문가이자 자기계발 분야의 베스트셀러 작가다. 그가 고등학교 중퇴 후 처음 얻은 직업이 식당의 접시닦이였다. 낡은 중고차 안에서 먹고 자는 생활을 하다가 이후 실적에 따라 인센티브를 받는 세일즈맨이 됐다. 하지만 동가식서

가숙하는 삶에 기회는 주어지지 않았고 변화의 기미조차 보이지 않았다. 어느 날, 모텔 방에 누워 천정을 뚫어지게 보던 그가 한 말이 '이건 아니다'였다. 그는 절박한 마음으로 앞으로 하고자 하는 일들을 A4용지에 써내려갔고, 현재 상황과 단절하면서 삶은 극적으로 변하게 됐다.

그는 현재 브라이언트레이시인터내셔널 사(社)의 CEO다. 또한 세계적인 비즈니스 컨설턴트이자 전문 연설가로 활동하고 있기도 하다. 그는 매년 50만 명 이상의 사람들에게 자기계발, 목표 설정, 전략 수립, 시간관리, 창조성 및 자긍심 고취, 리더십, 매니지먼트, 세일즈 등의 주제로 강연을 한다.

그는 또한 대단한 독서광으로 다양한 분야의 연구를 게을리하지 않고 있으며, 현재 MBA와 경영학 박사 학위를 갖고 있다. 본인의 시장을 넓히기 위해서 4개 국어를 섭렵한 노력가이기도 하다. 그는 《끌리는 사람의 백만 불짜리 매력(The Power of Charm)》, 《백만 불짜리 습관(Million Dollar Habits)》, 《목표 그 성취의 기술(Goals!)》, 《세일즈 슈퍼스타(Be a Sales Superstar)》, 《성취심리(Maximum Achievement)》, 《한 가지로 승부하라(Focal Point)》, 《내 인생을 바꾼 스무 살 여행(success is a journey)》, 《전략적 세일즈(Advanced selling strategies)》 등 변화를 갈망하는 독자들을 위한 지침서를 다수 발간했고, 그의 많은 강연들을 유튜브에 공개해 누구라도 쉽게 그의 명강을 들을 수 있도록 했다.

해외 사례와는 다르게, 우리나라에서는 상대적으로 좋은 학벌과 경력이 있어야만 남에게 강의를 할 수 있다고 인식되어 온 것이 사실이다.

그러나 최근 들어 이러한 고정관념은 빠르게 사라지고 있고, 남과 다른 생각과 경험을 가진 사람이라면 누구나 좋은 강연자가 될 수 있다고 여겨지고 있다. 예전에는 강의라고 하면 대학에서 강단에 서는 정도는 되어야 할 수 있다고 여겼지만, 근래에는 대학에서 오랜 기간 강연한 교수들의 강의는 오히려 지나치게 이론적이고 실용적이지 않으며 따분하다는 인식마저 생기고 있는 상황이다.

평범한 경험도 남들에겐 새로운 세계다

정년이 보장이 안 되는 조직 생활을 하다 보니 많은 사람들이 조직을 떠난 이후의 삶에 대하여 고민하고 있다. 대체로 다음과 같은 사연들이다.

사례 1. 나는 올해 52세다. 작년 연말 퇴직했다. 해외 명문대를 나와 외국계 기업에서 잘나가다가 삼성 임원으로 스카우트됐다. 그때는 삼성, LG, SK, 현대차, 현대중공업 등이 진공청소기처럼 인재들을 빨아들였다. 로봇이니 풍력이니 바이오니 신사업 구상들도 거창했다. 이 분야에 나만한 스펙을 가진 사람이 별로 없으니 어디서든 연락이 오겠지 했는데 2달이 지나도록 감감이다. 헤드헌터는 "요즘 구조조정이니 조직 개편이니 알게 모르게 밀려나는 40·50대가 엄청나다"고 했다. 스펙이 좋을수록, 직위가 높을수록 더 힘들다고 했다. '최소한 6개월~1년은 각오하시라'는 말도 덧붙였다. 모르는 이들은 삼성 임원을 오래 했으니 최소한 먹고살 걱정은 없겠다고 하지만 기러기 생활 8년째다. 52살부터 놀 생각하니 억장이 무너지고 애들 대학 졸업시켜 장가보낼 생각하면 눈앞이 캄캄하다.

사례 2. 나는 1963년생, 올해로 53세다. 외국계 기업을 두세 군데 옮겨다니며 20년 넘게 관리회계 업무만 했다. 서류를 낼 때마다 나이가 많다고 난색이다. 눈높이를 낮추라고 해서 부장, 팀장급으로도 지원했다. 구직 사이트에 이력을 올려놓으면 제일 먼저 연락 오는 게 보험회사다. 사무실 제공, 월 100만 원 기본급을 준다. 그나마 성과를 못 내면 잘린다. 이제 겨우 1년이 지났는데 하루하루가 지옥이다. 친구들은 "그래도 와이프가 교사라서 얼마나 다행이냐"고들 하지만 대출 끼고 산 목동 주상복합아파트가 밤마다 목을 죄어온다.

(출처 : 〈매일경제〉, 매경포럼 '2015년 한국, 잔치는 끝났다', 2015년 1월 26일)

내가 주변에서 듣는 이야기도 별반 다르지 않다. 좋은 학벌과 경력을 갖췄음에도 불구하고 현재의 직장을 떠난 이후의 삶은 참으로 불투명한 것이다. 나는 이러한 친구들에게 책 쓰기와 강의를 권유하곤 한다. 그렇지만 친구들의 반응은 대체로 시큰둥하다. 첫 번째 이유는 자기가 책을 쓸 만큼 특별한 일을 하지 않았다는 것이다. 사람들은 대체로 자신이 하는 일이 그다지 특별하지 않다고 생각한다. 이유는 자신이 몸담고 있는 회사의 대부분의 사람들이 자신과 같은 일을 하고 있기 때문이다. 말단의 신입사원에서 최고 자리에 있는 사장까지 마찬가지다. 또한 조직 내에서도 내가 했던 일을 나보다 더 많이 알고 있거나 심지어는 더 잘해 낸 사람들이 즐비한 것도 한 이유가 된다. 이 글을 읽는 당신은 앞서 소개한 사례에 등장하는 사람들이 어떻게 느껴지는가? 그들의 삶이 특별하게 느껴지는가? 바로 이 지점이 책을 쓰거나 강의를 시작하게 되는 최초의 갈림길이다. 조직 내에서 보면 특별해 보이지 않는 일이라고 해도, 세상 사람들에게는 전혀 모르는 세계가 된다. 10여 년 전, 중국과의 교류가 활발해지던 상황에서 '보따리 무역'과 관련한 글을 써서 베스트셀러를 낸 사람이 있다. 보따리 무역을 하던 사람들에게 거기에 있는 내용은 사실 하나도 특별할 것이 없을 것이다. 대단한 기술이 필요한 것도 아니고 대단한 노하우가 필요한 것도 아니기 때문이다. 저자 주변에 있던 사람들도 그렇게 이야기했을 것이다. "별것도 아닌 이야기가 다 책이 되는구면." 그렇지만 저자의 생각은 달랐다. 그 책은 보따리 무역을 하고 있는 사람들을 위해서 쓴 책이 아니다. 보따리 무역을 하지 않고 있는 많은 사람들 중에는 이 세계를 궁금해 하는 사람들이 꽤나 있을 것이라 판단했던 것이다. 또한 경제가 돌아가는 흐름을 볼 때, 보따리 무역에 뛰어들 잠재 군이 꽤나 될 것이라 판단한 것이다. 보따리 무역을 하는 사람 스스로가 책을 써서 오히려 경쟁자를 만들어내는 것은 현명해 보이지 않는다. 그렇지만 저자는 이미 다른 직업의 세계로 이동하고 있는 것이다. 보따리 무역에 관한 책의 수요를 예측한 것만큼이나 깊은 혜안으로, 발 빠르게 새로운 영역을 개척했던 것이다.

한국의 무역을 대표하는 기관에 입사하여 세계 각국에서 근무를 했던 친구가 있다. 그 역시 비슷한 고민을 하길래, 네가 경험한 세계를 한 번 글로 써보라고 권했더니 친구의 반응도 역시 같았다. "그게 뭐 특별할 게 있어. 우리 회사 사람들이 보면 웃는다"고 했다. 하나같이 내부에 있는 사람들을 기준으로 두고 내부 사람들의 평가를 의식하기 때문에 나오는 반응이다. 이는 조직 내에서 늘 남의 시선을 의식하던 버릇이 남아 있는 탓이다. 사실 대중 일반을 위해 책을 쓰고 강의를 하고 싶어 하는 교수들 중에도 학계를 의식해서 이러한 용기를 내지 못하는 경우가 많다. 성악을 전공하는 교수가 대중가요 가수와 음반을 냈던 일에 그리도 찬반 시비가 있었던 것도 다 같은 이유이다.

시각을 바꾸어야 한다. 글을 쓰고 강의를 하기 위해서는 그동안의 자신을 평가해오던 프레임을 바꾸어야 한다. 내가 경험한 것이 얼마든지 특별한 것이 될 수 있으며, 내가 생각하고 고민한 것들이 얼마든지 유니크한 것이 될 수 있다고 확신할 필요가 있다. 요즘 같이 직업이 세분화된 세상에서는 더욱 그렇다. 자신의 경험이 별것 아니라는 편견을 깨는 것이 작가와 강사로서의 첫걸음임을 알아야 한다.

자신이 종사했던 직업의 세계를 세상에 알리는 것은 대체로 긍정적인 경우가 많다. 그러나 때론 금기를 깨는 일이 되기도 한다. 검찰 내부의 이야기를 과감히 세상에 오픈했던 금태섭 변호사와 삼성의 비리를 고발한 김용철 변호사 등이 그런 경우다. 최근에는 교수의 입장에서 대학의 부조리와 비리를 파헤친 책이 미국은 물론 한국에서 봇물 터지듯 쏟아지고 있다. 역시 저자들은 그 유명세를 톡톡히 탔다. 안에 있으면 내부의 모습이 보이지 않는다. 모든 게 익숙해져 당연해 보이고 평범해 보인다. 어떤 조직과 직업의 세계를 외부인의 시각으로 보고 외부인을 위하여 공개한다는 것, 그 자체가 이미 창의적인 작업이라 할 수 있다.

앞서 소개한 사례도 마찬가지다. 첫 번째 사례의 남성은 해외에서 명문대학을 나와 외국기업을 거쳐 삼성에서 임원까지 지냈다고 했다. 삼성의 임원 세계. 궁금해 할 사람들이 많다. 젊은 사람들도 무척이나 궁금해 할 것이다. 이 사람의 경우에도 삼성에 근무할때 갖고 있던 금기의 벽을 깨는 것이 중요하다. 그렇다고 기업의 대단한 비밀을 노출하라는 것이 아니다. 삼성 같은 글로벌한 기업에서 임원으로 근무하면서 보고 듣고 경험한 일, 느낌들을 잘 분석하여 책으로도 쓰고 강의로도 풀어보라는 것이다. 만약 그걸 정리해놓은 책이 있다면 나부터 사서 보고 싶을 것 같다.

두 번째 사례 역시 마찬가지다. 외국계 기업을 두세 군데 옮겨다니며 20년 넘게 회계·관리 업무를 한 남성이라고 했다. 외국계 기업 역시 근무하는 사람이 소수이고, 한국의 기업과는 기업문화를 비롯한 여러 다른 점이 있을 테니 얼마든지 할 이야기가 있다고 본다. 본인만이 대수롭지 않게 생각할 뿐, 외국기업의 문화를 궁금해 하는 사람들이 많다. 특히 취업을 앞둔 젊은이들에게는 더욱 그렇다. 마치 해외 여행담을 듣는 것만큼이나 흥미진진한 이야기가 될 것이다. 회계·관리 업무도 우리나라 기업과 같을 수 없다. 이런 부분을 특화해서 연구하면 자신만의 이야기를 만들어낼 수 있을 것이다. 만약 이런 식의 시도를 현직에 있을 때부터 지속적으로 한다면, 퇴직을 앞둔 시점에 이르러서는 완성된 작품을 만들어낼 수 있지 않을까?

강의는 학력, 직업, 나이와 무관하다

다시 한 번 말하지만, 많이 배운 사람들이나 전문 분야에 종사하는 사람들만이 책을 쓰고 강의를 할 수 있는 것은 아니다. 대표적인 사례로 조태훈 씨의 경우를 들 수 있다. 그는 고려대학교 앞에서 자장면 배달을 하다가 '번개'라는 별명으로 유명해진 인물이다. '번개'라는 별명을 얻게 된 것은 '설성반점에 주문 전화를 하고 나서 담배를 물면 안 된다. 담배를 다 피우기 전에 자장면이 도착하기 때문이다. 잔디밭으로 자장면을 시키고 나서 공중전화 박스에서 걸어 돌아와 보니 이미 자장면이 기다리고 있더라'는 소문이 학생들 사이에 퍼지면서부터다.

그가 단순히 배달을 빠르게 한 것만으로 유명해진 것은 아니다. 조태훈 씨는 주문한 사람들의 상황과 주문한 메뉴의 특징 등을 감안하여 기발한 맞춤 서비스를 제공한 것으로도 유명하다. 미용실에서 주문한 고객이 자장면을 바로 먹지 못하는 상황이 생기면 대신 자장면을 비벼주기도 했고, 주문한 사람들의 숫자를 보고 사무실 의자를 정리해주기도 했다. 느끼한 음식을 시킨 사람에게는 짬뽕 국물을 제공했고, 돈이 궁색한 학생들에게는 군만두를 서비스로 제공했다. 이렇듯 그는 끊임없이 고객만족을 위해 고민하고 노력한 사람이다. 그가 강의를 다닌 곳은 5년 동안 700여 곳이 넘고, 수강생도 20만 명에 달한다. 요즘도 1달에 평균 40회 정도 강의에 나선다고 하니, 평균 80시간 이상 강의하고 있는 것이다. 그를 초청한 기관도 청와대 경호실에서 논산 신병 훈련소까지 다양하다.

이렇듯 강의는 학력과도 무관하고 직업과도 무관하며 나이와도 무관하다. 대부분의 사람들이 제 잘난 맛에 사는 동시에 나름의 콤플렉스를 갖고 살기도 한다. 지방대를 나온 한 강사가 자신이 어떻게 콤플렉스를 극복했는지 들려준 적이 있다. 그는 "지방대생은 '인서울' 대학을 나온 친구들에게 콤플렉스를 느끼고, '인서울'을 졸업한 학생들은 소위 말하는 'SKY'를 졸업한 학생들에게 콤플렉스를 느낄 수밖에 없다. 'SKY'를 나온 친구들은 다시 같은 대학의 법대나 의대를 졸업한 학생들에게 콤플렉스를 느낀다. 그렇지만 대한민국에서 최고의 학교를 졸업했다고 해도 결국 아이비리그에서는 지방대 취급을 받을 수밖에 없다. 설령 하버드를 다녔다고 해도 학교를 중퇴하여 벤처그룹으로 성공한 사람들에게 콤플렉스를 느끼게 된다. 이렇듯 모든 사람들은 모든 사람들에게 콤플렉스를 느낄 수밖에 없고, 이런 콤플렉스만 느끼고 있다가는 아무것도 할 수 있는 일이 없다"는 내용이었다. 재미도 있고 쉽게 수긍도 할 수 있는 이야기다. 강의를 하기 위해서는 번듯한 학력과 경력을 갖추어야 한다는 고정관념부터 없애야 한다. 그런 생각을 하고 있으면 온몸에서 기운이 빠질 것이고 한발도 나아갈 수가 없다. 내가 헤치고 이겨낸 내 삶의 이력도 만만치 않게 대단하다는 생각을 하게 되면, 그때부터 무한한 가능성의 세계가 펼쳐진다. 이러한 사실은 TV만 틀어봐도 알 수 있다. 요즘 유행하는 토크 프로그램의 패널들이 바로 이런 사람들이다. 그들은 주눅 들지 않고 당당하게 자신의 경험을 발화함으로써 그것을 상품화하고 이를 통한 경제 활동을 하고 있는 것이다.

그렇다면 이제 다양한 직업과 이력을 거쳐 강사의 세계에 우뚝 선 사람들을 살펴보기로 하자.

◇◇◇◇◇◇◇
강의 노트
◇◇◇◇◇◇◇

- 중년이 되어서야 극대화되는 능력들이 있고, 강의 현장은 이러한 능력들을 활용할 수 있는 최적의 장소이다.
- 데일 카네기, 나폴레온 힐, 안병욱, 김형석 등의 위대한 모티베이셔널 스피커들은 많은 이들에게 비전을 심어주고 나아가 그들의 운명을 바꿀 정도의 영향력을 끼친 명강사들이었다.
- 자신의 경험과 인생이 별것 아니라는 편견을 깨는 것이 강사로서의 첫걸음이다.
- 강의는 학력, 직업, 나이와 무관하다.

03

다양한 이력으로
강사가 된 사람들

강사들 중에는 강의뿐 아니라 저술 활동을 통해 입지를 넓힌 사례가 많다. 강의를 먼저 시작해서 유명해진 후에 책을 쓴 경우가 있는가 하면, 책을 통해 유명해진 뒤 강의를 하는 경우도 있다. 최근에는 강의 시장이 영상 미디어를 중심으로 구축되면서 강의를 통해 명성을 쌓은 후 책을 쓰는 경우가 많아지는 것 같다.

저술을 통해 유명해진 특급강사들

그래도 여전히 저술에서 시작하여 강의 시장으로 활동을 넓히는 사람들이 많은데, 대표적으로 고(故) 구본형 씨의 사례를 이야기해볼까 한다. 구본형 씨는 자기계발 분야에 이렇다 할 만한 국내 저자가 없던 시기에 '자기경영', '1인 기업'이라는 새로운 패러다임을 제시한 사람이라 할 수 있다.

구본형 씨는 대학 졸업 후 IBM에 입사했고 그곳에서 경영혁신을 총괄하는 업무를 했다. 그가 직장에 근무했던 1980~2000년은 국내의 거의 모든 분야가 하늘 높은 줄 모르고 성장을 하다가 IMF라는 직격탄을 맞아 천국에서 지옥으로 추락했던 시기였다. IBM 또한 1993년, 88억 달러의 적자를 기록하고 16만 명이라는 직원을 해고했던 영욕의 시기에 있었다. 이런 분위기 속에서 그는 조직과 개인 모두가 변화하지 않으면 안 된다는 생각을 하게 되었고, 더 이상 평생직장이라는 개념은 존재하지 않는다는 트렌드를 일찍 간파하게 된다. 그의 첫 저술《익숙한 것과의 결별: 대량실업시대의 자기 혁명》은 어렴풋이 이러한 분위기를 느끼고 있던 직장인들에게 커다란 반향을 일으켰다.

그는 불타는 시추선에서 살아남은 앤디 모칸(Andy Mochan)의 이야기로 책을 시작했다. 앤디 모칸은 스코틀랜드 근해에 위치한 북해 유전의 시추선에서 불이 나 168명이 목숨을 잃은 사건 당시 유일하게 바다로 뛰어들어 생존한 사람이었다. 왜 168명은 죽었고 앤디 모칸은 살아남게 되었을까? 왜 168명은 바다로 뛰어들 생각을 하지 못했을까? 앤디 모칸이 선택한 것은 '확실한 죽음(Certain Death)으로부터 벗어나 죽을지도 모르지만(Possible Death) 삶의 가능성은 있는 삶'이었다. 그리고 그의 선택이 그를 유일한 생존자로 만들었다는 것이다.

'목구멍이 포도청'이라는 말이 있다. '당장의 죽음을 피하기 위해, 결국은 죽을 것이 확실한 길을 가고 있는 것은 아닌가?' 우리는 항상 이러한 물음을 가져야 한다. 그렇다면 역시 쉽지 않겠지만 생존 가능성이 있는 어떤 길을 과감히 선택해야 하는 것은 아니겠는가? 구본형 씨가 전하고자 했던 메시지는 결국 생존을 위해서는 결단과 용기, 환골탈태의 변신이 필요하다는 것이었다.

그는 자신부터 변화하기로 결심하고, 매일 새벽에 일어나 2시간 정도 아무것에도 방해받지 않는 시간을 확보하여 글을 쓰기 시작했다. 자기혁명을 시작한 것이다. 세상을 읽는 통찰력과 실천이 녹아 있는 글에 사람들은 공감했고 동시에 변화에 대한 강한 의지를 불태웠다. "그래, 변하지 않으면 안 돼"라는 강력한 메시지가 전달된 것이다. 이에 추진력을 얻은 그는 이후 저서 《그대, 스스로를 고용하라》에서 자기경영의 세계를 제시한다. 여기에는 함축된 의미가 있다. 조직에 더 이상 기대하지 말고 홀로 설 준비를 해야 한다는 것과 이를 위한 다양한 자기계발이 필요하다는 것이다. 이 책을 읽고 바로 직장을 그만두는 사람이 얼마나 되었을지는 모르나 다람쥐 쳇바퀴 도는 듯한 업무와 상하좌우로 겪는 인간관계의 갈등, 한계를 넘지 않으면 달성하기 어려운 목표들에 시달렸던 직장인들이라면 적지 않은 심리적 위안과 대리만족을 얻었으리라. 나 또한 그의 초기 저서를 대부분 갖고 있을 만큼 당시 그의 글은 상당한 마니아층을 만들어냈다.

이후 그는 회사를 그만두게 된다. 여러 이유가 있겠지만 저술의 성공이 분명 한 몫 했을 터이다. 그의 개인기업 명칭은 '구본형변화경영연구소'다. 이후 그는 많은 젊은이들에게 무료로 공부와 자기계발의 터전을 만들어주었다. 직장생활을 하는 동시에 독립을 위한 자기계발을 해서 성공적인 제2의 삶을 준비하는 모습은 당시 직장인의 이상적인 모습으로 비춰졌다. 많은 사람들이 이를 실현 가능한 목표로 느꼈을 것이다. 그러나 여기에는 만만치 않은 노력과 실천이 수반되어야만 한다.

이후 그에게는 감당하기 어려울 만큼 많은 강의 요청이 쏟아졌다. 글에서 느껴지는 차분함만큼이나 그의 강의는 조용하고 부드럽고 섬세했다. 물론 저변에 흐르는 메시지는 단호하고 강력했다. 저서가 없었다면, 조용한 성품으로 미루어보아 그는 결코 강연을 하지 않았을 것이다. 또 그만큼 강력한 저서가 없었다면, 청중이 그의 말을 그렇게까지 경청하게 되었을 것 같지도 않다. 그렇지만 그가 쓴 책의 내용과 거기에서 느껴지는 퍼스낼리티(Personality) 등이 어우러져 그는 강력한 상품이자 막강한 브랜드가 되었다.

여기에서도 알 수 있는 것은 책이 됐든 강의가 됐든 메시지가 차별화되어야 한다는 것이다. 그런 메시지는 또한 본인의 체험을 바탕으로 해야 한다. 그저 좋은 이야기, 당연한 이야기, 남의 이야기로는 독자와 청중을 움직일 수 없는 것이다. 요즘 유행하는 말로 그건 유체이탈에 해당한다.

공병호 씨 역시 저서를 통해 대한민국에서 가장 바쁜 강사 중의 하나가 된 경우다. 그도 2001년 《자기경영 노트》라는 책을 썼다. 기업에서 오랜 기간 근무한 경험을 바탕으로 책을 써서 유명해졌다는 것이 구본형 씨와 유사하지만, 책과 강의에서 느껴지는 캐릭터와 메시지의 결은 매우 다르다. 공병호 씨는 한 사람이 어떻게 저 많은 책을 썼을까 싶을 정도로 다작을 한 사람이고 다루는 분야도 다양하다. 그런 만큼 그만의 컬러를 느끼기 어렵다. 많은 강의를 하는 것에 비해서 감동의 피드백도 적은 편이다. 바로 이 지점에서 많은 강사들이 고민하는 문제가 발생한다. 다양한 메뉴를 준비할 것이냐, 한 우물을 팔 것이냐! 책이 반향을 일으키면 반드시 강의 요청이 있게 마련이다. 책에서 다루지 못한 이야기를 듣고 싶은 사람들이 있게 마련이고, 시장은 늘 새로운 주제와 새로운 강사에 목마르기 때문이다. 그렇지만 분명한 것은 그저 책을 내었다는 사실만으로 강의가 연결되지는 않는다는 것이다. 그 주제가 독특해야 하고 차별화되어야 하며 공감을 할 수 있어야 한다. 당연한 말 아니겠는가? 2013년 지인이 책을 한 권 냈다. 《중2병, 엄마는 불안하고 아이는 억울하다》라는 제목이었다. 주제는 구체적이고 유니크했다. 이후 그는 EBS에서 강의를 하게 되었고, CBS의 '세상을 바꾸는 시간, 15분'이라는 프로그램에도 출연하게 되었다. 많은 곳에서 강의 요청을 받게 되었음은 물론이다. 책이 뜨면 강의도 뜬다는 것은 변함없는 진리다.

직업의 달인으로 강의를 하게 된 사람들

자기가 하고 있는 분야에서 탁월한 성과를 내어 이름을 알리게 되는 일은, 강사로 특채(전국 시장에)되는 지름길이다. 이들의 성공담에는 자기계발과 관련된 핵심적인 내용이 들어 있다. 이들은 보통 사람보다 어렵고 늦게 출발했다는 공통점을 갖고 있다. 출발 이후에도 한 번에 목표를 이루지 못하고 많은 좌절을 겪은 후 성공하게 된다. 이들의 이야기를 듣고 나면 많은 사람들이 '나도 할 수 있다'라는 생각을 하게 되고 안일하게 지내온 자신을 반성하게 된다. 이들의 이야기에는 드라마적 요소가 있고 스토리텔링의 구성 요건이 갖추어져 있다. 갈등이 있고 반전이 있다. 그래서 이들의 이야기는 재미있다.

현재 섭외 1순위 강사 중에는 김규환 명장이란 분이 있다. 15살에 소년 가장이 되어 공장 청소부로 시작해 초정밀 분야 한국 최고의 명장이 된 스토리의 주인공이다. 그는 현재 전국을 다니며 강의를 하고 있다. 초등학교도 제대로 나오지 못한 학력으로 5개 국어를 구사하고, 총 2만 4,000여 건의 아이디어를 제안했으며 국제 발명 특허를 62개나 출원한 이야기는 어느 조직의 장이라도 직원들에게 들려주고 싶을 것이다. 여기까지만 들으면 '아, 집안 사정으로 공부는 많이 못했지만 머리는 굉장히 좋은가보다. 어려운 사정은 나랑 비슷하지만 나는 머리가 안 좋으니 역시 안 되겠네'라고 생각할지도 모르겠다. 그러나 그는 국가기술사 자격시험에서 9번, 1급 기술자격시험에는 6번 낙방했고, 2종 운전면허시험에도 5번을 낙방을 한 뒤 1종으로 바꾼 후에 5번 만에 합격을 했다. 이런 이야기를 들으면 다시 저 밑에서부터 불끈 힘이 솟아오른다. "나도 할 수 있겠구나!" 하고. 바로 이런 요소들이 김규환 명장을 강의 현장으로 불러내는 것이다.

　자신의 분야에서 탁월한 성과를 낸 사람들은 수없이 많다. 극적인 사연을 갖고 있는 사람도 셀 수 없이 많다. 이들 중 누구는 강사로 자신의 영광을 재현하고 또 누구는 그저 소리 없이 무대에서 사라지고 만다. 무엇이 그 차이를 만들까?

　요즘 또 잘나가는 인기강사가 있다. 그는 바로 천호식품의 김영식 회장으로 "남자에게 참 좋은데, 정말 좋은데~ 말을 할 수가 없네"라는 광고 멘트로 일약 화제가 된 인물이다. 재미있는 광고로 잠깐 화제가 되는 경우는 허다하다. 그렇지만 그는 이 기회를 놓치지 않았다. 기회가 있을 때마다 자신의 굴곡진 인생 경험을 구수한 입담으로 풀어내기 시작했다. 사업에 실패하여 자살을 감행하려다 가족의 전화를 받고 새롭게 결심하는 장면, 수억 원의 빚을 몇 년 만에 갚게 되는 과정 등 그의 이야기에는 인기 드라마에서 볼 수 있을 정도의 갈등 상황이 전개되고 반전과 있고 해피엔딩이 있다. 듣는 순간 재미있고, 끝나고 나서는 감동이 있으며, '나도 해보자'는 용기를 얻는다. 이 덕분에 그의 회사는 신뢰와 지명도가 전과 비교할 수 없을 정도로 상승했다.

　현재는 PR시대다. 알려야 한다. 그러기 위해서는 자신의 스토리를 만들어 세상에 알리려고 노력해야 한다. 성공한 기업가 중에 김영식 사장만큼 실패하고 고생한 사람이 한둘이겠는가. 그러니 이 책에서 주장하듯 우리는 모두 강사가 되려는 꿈을 가져야 한다.

　스포츠맨 중에는 홍수환 씨가 섭외 1순위의 강사다. 1977년 파나마에서 있었던 세계 주니어페더급 챔피언 결정전은 지금 생각해봐도 명경기다. 상대는 파나마의 헥토르 카라스키야로, 검은 피부의 강인한 얼굴과 근육을 가진, 보기에도 홍수환과는 급이 다른 느낌이었다. 키도 더 컸다. 당시 전적이 11전 11승 11KO였고 홍수환과 경기를 벌일 장소도 자신의 홈그라운드였다. 파나마 사람들은 카라스키야의 우승을 당연한 것으로 받아들였다. 경기가 시작이 되고 1라운드는 탐색전으로 가벼운 펀치들을 교환하면서 마친다. 2라운드가 되어 접전이 벌어지면서 홍수환이 왼쪽 턱에 훅을 맞고는 그대로 넘어진다. '역시 안 되는구나' 싶었다. 그러는 사이 다시 한 번 넘어지고 이내 카라스키야의 펀치에 날아간다. 한 라운드에 세 번이나 다운을 당한 것이다. 그 전의 룰에 의했으면 이미 경기가 끝났을 상황. 그러나 무제한 다운제로 룰이 바뀐 직후였다. 홍수환은 다시 한 번 다운을 당한다. 도저히 가망이 없어 보이는 상황. 네 번의 다운을 당하고도 시간이 남았는데 이 때 카라스키야는 경기를 끝낼 작정으로 거세게 몰아붙이기 시작했다. 다행이 종이 울리고 2라운드가 끝난다. 스포츠 경기는 이기는 맛에 보는 것인데 응원하고 있는 선수가 그렇게 비참하게 당하고 있으니 더 이상 보고 싶지 않았다. 계속 볼까 말까 생각하는 중에 3라운드를 알리는 종이 울렸다. 그러자 갑자기 홍수환 선수의 공격이 시작된다. 사력을 다하는 모습이었다. 조금의 여유도 주지 않고 밀어붙이는 홍수환 선수의 주먹에 카라스키야는 코너로 몰리고, 일방적인 공격을 받던 카라스키야는 결국 침몰하고 만다. 그대로 KO였다.

우리나라에도 이미 세계적인 스포츠 스타가 많이 있다. 누군가는 잠시 이름을 얻었다 사라지고 누군가는 홍수환 씨처럼 노년을 바쁘고 보람 있고 화려하게 보내고 있다. 무슨 차이인가?

　다산 선생의 전기를 읽다 보면 다산 선생의 형 손암 정약전 선생이 여러모로 뛰어난 인재라는 것을 알 수 있다. 학식과 능력, 인간적인 매력이 남다르다. 다산 선생도 글을 쓰거나 하면 형님에게 보여드리고는 의견을 나누곤 했다. 후대의 학자들 중에도 이런저런 연구를 통해 정약전 선생의 학식과 인물됨이 뛰어났음을 인정하는 분들이 많다. 심지어 호방한 성격을 가진 정약전 선생에게 훨씬 호감이 느껴진다고 말하기도 한다. 그렇지만 지금 다산 선생과 손암 선생은 역사적인 중요도로는 위상이 비교되지 않는다. 이유는 단 하나인데 다산 선생은 책을 남겼다는 것이고 손암 선생은 《자산어보(현산어보라 하기도 한다)》 외에는 이렇다 할 저서를 남기지 않았기 때문이다.

　홍수환 씨가 활발하게 활동하는 이유도 마찬가지다. 그는 다양한 방법으로 자기의 목소리를 냈다. 《가장 어려울 때를 기회로 삼아라》, 《링보다 인생이 무섭더라》, 《내 인생에도 한 방은 있다》 등의 책도 쓰고 그전에 자기의 이야기를 카세트 테이프로 내기도 했다. 글쓰기와 강의는 같이 가게 마련이다. 책이 반응이 있으면 강의가 되고 강의에 반응이 있으면 책이 되는 것이다. 이런 일련의 과정은 자신의 삶을 특별하게 생각하는 것으로부터 시작이 된다. 그건 자신감이기도 하고 자신을 사랑하는 모습이기도 하다. 모든 분야의 최상위 1인자만이 책을 쓸 자격이 있는 것이 아니다. 자신이 주인공이 되어 살아온 자기의 삶이 세상 유일무이한 것이라 생각한다면 누구라도 당당히 책을 쓰고 강의할 수 있다. 당신 인생의 최종 직업을 강사로 생각하라는 것은 이렇게 다양한 의미를 함축하고 있는 것이다.

특별한 이력 없이 강사를 지망하는 사람들

그렇다면 이렇다 할 지명도가 없는 사람들은 어떻게 강사의 길로 들어설 수 있을까? 강사가 되기 위한 착실한 준비를 하면 된다. 여기에 연령이나 학력의 장벽은 없다. 하고 싶은 열정만 있다면 준비하고 연습하고 시도하면 되는 것이다. 상대적으로 강의 분야가 일찍 발달한 외국에서도 강의를 하고자 하는 많은 사람들이 다음과 같은 핑계를 대면서 시작을 머뭇거린다고 한다.

"강의를 연결해줄 회사가 있어야 하는데……"

"책을 먼저 써야 하는 게 아닐까?"

"나를 알리기 위해서는 투자가 필요한 것 아닐까?"

"홈페이지를 먼저 만들어야 되는 게 아닐까?"

"홍보용 동영상이나 안내책자라도 먼저 만들어야 하나?"

그러나 시작하기 전부터 이런 걱정을 할 필요는 없다. 세상 모든 일은 꿈으로부터 시작이 된다고 월트 디즈니가 말했다. 일단 시작하는 것이 중요하다. 시작하면 길이 있고 반복하면서 그 길은 넓어지고 매끄러워진다. 지금 활동하고 있는 대부분의 강사가 그렇게 시작을 했다.

강사로 활동하고자 한다면 가장 먼저 할 일은 자기가 하고자 하는 강의의 장르를 정하는 것이다.

① 웃음과 즐거움을 주는 강의를 할 것인가(Entertaining)
② 풍부한 지식을 전해주는 강의를 할 것인가(Educating)
③ 영감을 주는 강의를 할 것인가(Inspiring)
④ 직업에 필요한 기술 등을 가르치는 강의를 할 것인가(Training)
⑤ 동기부여를 해주는 강의를 할 것인가(Motivational)
⑥ 유익한 정보를 전해주는 강의를 할 것인가(Informing)

장르가 완벽히 구분되는 것은 아니지만 대체로 어떤 분야의 강의를 할 것인가를 정해야 한다. 그동안 내가 해온 강의는 주로 교육(Educating)에 속한다고 볼 수 있다. 나는 아무리 연습해도 유머 강사들이 하는 액션이나 음성의 톤은 따라하지 못할 것 같다. 내가 하지 못하는 것을 남에게 전달할 수는 없다. 그렇지만 태생적으로 남을 즐겁게 하고 웃기는 재주가 있는 사람들이 있다. 그런가 하면 유명한 전도사처럼 아주 짧은 시간에도 심금을 울리고 눈물이 흐르게 만드는 사람들도 있다. 어떤 사람의 이야기를 들으면 바로 동기부여가 되어 당장 무언가를 시작하고 싶은 경우도 있다. 그러므로 어떤 부문의 어떤 스타일의 강의가 적합한지는 본인의 평소 성향이나 경력을 통하여 자연스럽게 결정할 수 있다.

두 번째로 해야 할 일은 자기가 전하고자 하는 메지시를 정해야 한다. 여기서 많은 사람이 갖고 있는 고정관념을 하나 깰 필요가 있다. 당신이 강의를 시작할 수 있는 것은 당신의 메시지에 의해서지 당신 자신에 의해서가 아니라는 것이다. 왜? 당신은 유명인사가 아니기 때문이다. 2~3가지 주제에 대한 아이템이 있다면 좋지만 일단 1가지라도 확실하게 준비해야 한다. 앞에서도 말했지만 한 우물을 확실하게 파는 것이 중요하다. 두 마리의 토끼를 잡으려다가는 한 마리도 잡지 못한다. 차별화된 1가지 주제나 프로그램으로 승부를 해라. 그런 이후 같은 영역 안에서 범위를 확장해갈 것을 권한다.

최근 화제가 되고 있는 이시한 강사는 국문과 박사과정을 다니다 학비를 벌고자 논술 시장에 뛰어들었다고 한다. 이렇게 시작하여 좋은 반응을 얻으면서 최고 강사의 꿈을 키우기 시작한다. 이후 치의학 전문대학원의 언어추론 영역, 법학전문대학원 입학을 위한 언어이해, 추리논증, 논술 분야로 영역을 확대해 나가면서 3대 국가고시 적성검사 강의를 하는 '국내 유일의 강사'로 이름을 떨치게 되었다. 지금은 삼성직무적성검사(SSAT) 준비생들에게 강의를 하고 취업관련 서적을 50권이나 저술하는 이 분야 대표강사가 되었지만 역시 시작은 학생 논술이라는 작은 영역에서 출발했다.

2009년 처음 스마트폰을 접한 61세의 정은상 씨는 아이폰3를 사서

아들에게 사용법을 물었다. 그러나 친절하게 응해주지 않았던 모양이다. 오기가 생겨 6개월 동안 스마트폰 사용법을 알려주는 유·무료 강의를 듣고 나서 전문성을 갖추게 되었다. 그는 2013년부터 장·노년층을 대상으로 '스마트기기를 활용한 인생 이모작' 강의를 하고 있다. 그에게 강의를 들은 사람 중에는 아이패드 화가로 데뷔한 사람이 있는가 하면 금융기관 임원과 공무원을 대상으로 스마트폰 기기 활용법 강의를 다니는 제자 강사마저 나왔다고 한다.

최근 핫한 강사 중에 김지윤 씨도 있다. 그가 다루는 주제는 '연애'다. 남녀 연애에 대해서 무슨 할 말이 그리 있겠냐 싶겠지만, 그는 남녀 간 차이에서 벌어지는 대화 및 상황을 예리하게 잡아내어 공감과 웃음을 자아낸다. 그는 연애를 많이 한 경험으로 연애 전문 강사가 된 것이 아니라, 오히려 20대에 연애 한 번 제대로 못해봤기 때문에 연애 전문 강사가 될 수 있었다. 남들의 연애를 세심하게 관찰한 결과다. 그를 스타로 만든 단 하나의 동영상이 '신도림역에서 만난 영숙이' 이야기다. 한 여자가 우연히 신도림역에서 영숙이를 만난 이야기를 했을 때 남자와 여자의 확연한 반응 차이를 대비해 보이면서, 남녀가 얼마나 다른 생각을 하고 이질적인 화법을 구사하는지를 구체적으로 보여준 것이다. 궁극적으로는 이러한 차이를 서로 이해함으로써 원만한 관계가 될 수 있다는 메시지를 전한다. 다루는 주제는 이렇게 분명하고 구체적이어야 한다.

2003년 아론 랄스톤(Aron Ralston)의 드라마 같은 이야기가 세상의 헤드라인을 장식한 일이 있다. 암벽등반가인 그는 유타 협곡을 홀로 탐험하다 계곡에서 바위와 함께 추락하게 된다. 800파운드의 바위에 오른팔이 끼어 오도 가도 못하게 된 그는 음식도 물도 탈출할 방법도 없는 상황에서 죽음만을 기다리게 된다. 결국 모든 것을 포기하게 된 그는 마지막으로 가족에게 보내는 메시지를 촬영하고 바위에 그가 눈 감은 날짜를 새겨놓는다. 그러고는 잠이 들었다 깨서는 삶과 죽음이 자기에게 달려 있다는 생각을 하고는 탈출을 위해 팔을 자르는 선택을 한다. 2시간에 걸쳐 팔을 자른 그는 험한 협곡을 탈출하여 이후로도 몇 킬로미터의 길을 더 걸은 뒤에야 구조된다. 이런 극적인 이야기는 책이 되고 영화가 되었다. 평범했던 그가 고통과 두려움 앞에서 한계를 극복하여 초인의 힘을 발휘한 이야기는 많은 사람들에게 감동과 용기를 주었다. 그 역시 이후 세계적으로 영감을 일깨우는 강사(Inspirational Speaker)가 되었다. 그는 그의 비극을 승리의 이야기로 반전시켰다. 비록 오른팔이 없지만 그는 팔이 있던 때보다 더 행복하고 깨어 있는 삶을 살고 있다고 말한다. 사람들에게는 "당신도 당신의 무덤에서 세상으로 나오라"고 말한다. 그는 국내 강연 시에 2만 5,000불을 받고 외국에서 강의할 때는 3만 7,000불을 받는다고 한다. 모두가 이런 극적인 스토리를 가지고 있는 것은 아니다. 모두가 이런 이야기를 할 필요도 없다. 우리 또한 어려움을 극복하고 새로운 세상으로 나온 경험이 있고, 아론이 탈출에 성공한 127시간보다 훨씬 파란만장한 다른 이야기를 갖고 있다. 이 이야기를 다른 사람들이 공감하도록, 거기에서 깨달음을 얻도록 나눌 수 있다면 우리 또한 다른 아론이 될 수 있는 것이다.

이런 의미에서 강사를 준비할 수 있는 최고의 터전은 역시 몸담고 있는 직장이다. 2007년 주식회사 한국야쿠르트에서 은퇴한 이경철 씨는 교육팀의 말단 사원으로 교육 진행을 할 때 정규 강사의 강의가 끝난 10분을 활용했다고 한다. 강사의 강의 내용을 요약하기도 하고 자신의 생각을 더하기도 했다. 오히려 그가 진행하는 10분을 더 재미있다고 평하는 사람들이 많아지면서 본격적인 사내강사를 시작하게 된다. 공고 출신에, 같은 회사를 다니고 있는 대학졸업자들을, 심지어는 직장 상사를 앞에 두고 강의를 한다는 것이 쉽지 않았지만 그는 강사의 꿈을 갖고 최선을 다했다. 그러자 회사 밖에도 소문이 나기 시작했고 2000년부터는 방송에 출연하게 되고 외부 강의를 하게 된다. 2002년경에는 급여보다 강의료가 다섯 배나 많았다고 한다. 강의 제목은 '자기경영론'. 직장인이 자기 가치를 스스로 높이는 방법, 선후배와 소통하는 방법, 부서 내 갈등을 줄이는 방법을 주로 강의했다. "회사에서 멍청하게 있다가 은퇴 이후 한 방을 날리는 사람은 없습니다. 회사에서부터 공격적으로 자기 임무를 찾아가다 보면 결국 은퇴 이후에도 길이 열립니다." 그의 이야기다.

이경철 씨와 같이 회사에서 오랜 기간 퇴직 이후를 준비하다가 강의를 하는 경우가 강사로 데뷔하는 가장 일반적인 경우다. 이렇게 치열하게 준비하는 사람들이 사실 회사생활도 더 적극적으로 하게 된다. 이렇게 전달할 메시지가 정확히 세팅이 되면 이제 강의의 기회를 얻기 위한 다음 수순을 밟게 되는 것이다. 어떻게 강의 기회를 얻게 되는지에 대해서는 뒤의 장에서 다시 다룬다.

강의 노트

- 강의가 되는 경우의 수는 크게 3가지로 저술을 통해 유명해지거나, 자기 직업의 달인이 되거나, 특별한 이력이 없다고 해도 강사로서 탄탄한 준비를 거쳐 강의를 시작하는 경우이다.

- 책이 뜨면 강의도 뜨게 되어 있다. 단, 차별화된 메시지를 전달해야 하는 것이 전제조건이다.

- 자기 업종에서 프로가 되었다면, 자신의 역량과 성과를 세상에 알리려고 노력해야 한다.

- 특별한 이력이 없더라도, 강사로서의 열망을 가지고 있다면 먼저 시작해야 한다.

- 강사 생활을 준비할 수 있는 최고의 터전과 환경은 지금 내가 몸담고 있는 직장에서 역량의 최고치를 발휘하는 것이다.

04

지금
강사가 되어야 하는 이유

요즘 6억을 은행에 예금하면 받을 수 있는 이자가 월 100만 원이라고 한다. 그만큼 금리가 낮아졌다는 말이고 투자할 곳이 마땅치 않다는 뜻이기도 하다. 자영업자들의 월평균 소득이 100만 원 내외라는 통계가 있고 우리나라 자영업자 비율은 OECD 평균의 두 배가 넘는다고 한다. 섣불리 일을 벌이기가 쉽지 않은 상황이다.

리스크는 적고 가능성은 무한하다

여기에서는 강사라는 직업의 장점에 대해 다양한 이야기를 들려주겠지만 가장 매력적인 부분은 아무런 투자 없이 돈을 벌 수 있는 직업이라는 것이다. 그것도 노력 여하에 따라서는 아주 많이 말이다. 유일한 투자가 공부하는 것인데 이는 설혹 강사로 성공하지 못하더라도 자신의 자산으로 고스란히 남게 될 부분이다. 그러니 완벽하게 리스크가 제로인 직업이라 할 수 있다. 또 프리랜서라는 위상은 어떠한가. 불안정하다는 측면도 있지만(이를 보완할 수 있는 다양한 장치도 있다) 조직에서 겪었던 갖은 고민과 갈등을 생각해본다면 더없이 자유로운 세상에서 살게 되는 것이다. 이제 자기가 자기를 경영해야 하는 세상이 되었고 1인 기업의 세상이 되었다. 이 좋은 세상에 남의 밑에서 노예처럼 생활할 이유가 뭐가 있겠는가.

강사라는 직업은 나를 경제적인 어려움에서 구해줬고 정신적으로도 많은 변화를 경험하게 해주었다. 그뿐 아니라 늘 공부하는 사람이 되도록 해줬고, 말뿐인 강사가 되지 않도록 실천하는 사람이 되게 해줬으며, 아버님의 바람이었던 책을 쓰는 사람이 되도록 해줬고, 생활을 풍요롭게 해준 고마운 직업이다. 전 재산을 투자하여 벌이는 사업의 반 정도의 노력만 들여도 충분히 그 이상의 성공을 거둘 수 있는 직업이기도 하다. 또한 늘 선생님으로 대접받는 위치에 있게 되므로 품위 있는 삶을 살게 된다. 강의하러 온 사람을 무시할 데가 어디 있겠는가? 아직도 강의의 세계는 시간당 단가가 가장 높은 분야에 속한다. 1~2시간에 몇십만 원을 벌 수 있는 직업이 얼마나 되겠는가. 무한한 가능성이야말로 강사의 세계를 추천하는 이유다.

사는 즐거움이 배가된다

나는 방금 대왕암 공원 주변을 산책하고 돌아왔다. 이곳은 옛 선비들이 해금강이라 불렀을 정도로 주변 풍경이 아름다운 곳이다. 대왕암 공원은 동남단에서 동해 방향으로 뾰족하게 튀어나온 부분의 끝 지점에 있으며 행정구역상으로는 울산광역시 동구 일산동에 속해 있다. 휴가철이어서 관광객도 꽤나 많다. 바로 옆에 일산해수욕장이 위치하는데, 괴암기석과 100년이 넘는 아름드리 해송으로 둘러싸인 이 신비로운 장소를 나는 태어나서 처음 와봤다.

내가 지금 이곳에 있는 이유는 바로 옆에 위치한 울산광역시 교육연수원에서 강의 요청이 있었기 때문이다. 울산광역시 교육연수원의 역사와 위치도 매우 특별해 보인다. 지금 연수원이 있는 자리는 원래가 방어진중학교의 전신인 수산중학교가 있던 곳이다. 수산중학교는 이종산 선생(1896~1949)께서 일제의 식민정책으로 배우지 못한 후학들을 위하여 '나라를 부강의 반석 위에 올려 세우는 원동력은 오로지 청소년을 교육시키는 데 있다'는 신념으로 3만 4,000평 부지와 당시 돈 200만 원의 사재를 투입하여 설립한 학교라고 한다. 이곳 역시 숲속 길을 따라 깊숙이 들어가 바다와 면해 있는 곳에 고즈넉이 자리하고 있다. 물론 일반 관광객이 들어올 수 있는 곳은 아니다. 강의가 이틀 연속으로 있어서 이 아름다운 장소에서 이틀을 묵게 되었다. 출장의 목적은 강의지만 나는 현재 여행을 하고 있다. 강의를 마친 후 바다를 바라보며 마시는 한 잔의 맥주와 여유. 강의와 인연이 맺어지지 않았다면 누릴 수 없는 복이 아니겠는가?

　내가 자주 가게 되는 곳 중의 하나가 서울역이다. 주로 지방에 강의가 있을 때 서울역을 찾는다. 나는 지금도 '기차'라는 말을 들으면 가슴이 설렌다. 학창 시절, 친구들과 기차를 타고 춘천이나 가평으로 훌쩍 떠나곤 했던 기억이 여전히 새롭고, 완행열차로 전국을 돌아다녔던 추억이 온전히 남아 있기 때문이다. 집을 나서 서울역으로 향하는 발걸음부터가 즐겁다. 어디론가 떠난다는 것, 살아있는 자들의 영원한 로망 아닌가! 기차가 출발하여 도착하기까지의 시간은 이 세상에서 완벽히 허락받은 나만의 시간이 된다. 누가 이 시간을 방해할 수 있겠는가. 누가 이 시간에 여기에 머물고 있음을 나무랄 수 있겠는가. 이 시간은 다른 어떤 곳에서 확보된 여유로운 시간과도 확연히 구별이 된다. 비행기를 타고 해외여행을 가는 동안의 시간도 그렇지 않은가. 명분과 실리마저 확보한 공인된 일상 탈출의 경험을 누릴 수 있는 권리. 강사에게 주어진 화려한 혜택이 아닐 수 없다.

　오랜만에 제주도에 오게 되었다. 탐라도서관에서 강의 요청이 있어서다. 육지에 사는 사람이 제주도를 오게 되는 경우는 대체로 여행이나 출장이 될 것이다. 여행하러 온 사람은 여행의 목적을 달성해야 하고, 업무차 온 사람 또한 소기의 목적을 달성해야 한다는 부담이 있다. 그렇지만 나는 강의를 하러 온 것이다. 빡빡한 일정의 여행 스케줄이 있는 것도 아니고 달성해야 하는 소기의 목표가 있는 것도 아니다. 그저 시간이 허락하는 범위 내에서 들르고 싶은 곳을 들르고 하고 싶은 일을 하면 그뿐이다. 이렇게 강의를 위해 어딘가를 방문할 때의 느낌은 본격적인 여행이나 일을 위해 방문할 때의 느낌과는 확연히 다르다. 의무도 목적도 없이 그저 있는 그대로의 상황과 순간을 향유하는 느낌. 불교적 표현으로 '지금 여기'를 있는 그대로 인지하는 느낌이랄까? 어떤 다른 직업이 이런 경험을 제공할 수 있을까? 강의하는 직업이 좋은 이유다.

여행에서 즐거움의 반은 먹는 것이라고 했던가. 가는 곳마다 특별한 음식들이 있고, 유명하다는 식당이 있게 마련이다. 이 또한 놓칠 수 없는 행복의 기회임은 말할 필요도 없다. 강원도의 '곤드레솥밥', 충청도의 '제천약초밥', 전북의 '전주비빔밥', 전남의 '주꾸미'와 '꼬막', 대구의 '어탕수제비', 경남의 '멍게비빔밥', 제주의 '각재기국'과 '꿩샤브샤브' 등 생각만 해도 입가엔 웃음이 입속에는 침이 고인다. 이러한 행복은 강의를 시작하는 순간 피할 수 없는 일상이 된다.

어둠이 내리고 플랫폼에서 서울행 기차를 기다리고 있는 동안은 철학자가 되기도 한다. '인생이란 무엇인가?', '지금 나는 어디에 있는가?' 어둠 속에서 차창 밖으로 빠르게 스쳐가는 풍경들을 바라보며 '나는 어디에서 와서 어디로 가는 것인가?' 하는 근본적인 질문들을 하기도 한다. 이 모든 과정이 여행을 할 때 경험하는 보편적인 프로세스다. 살면서 보통의 사람들이 여행을 할 기회가 얼마나 자주 있겠는가. 대부분 시간과 돈이 여의치 않아 크게 마음을 먹어야만 결행이 가능할 것이다. 강의를 하게 되면 일을 하는 것이 곧 여행이 되는 경우가 대부분이니 이 얼마나 멋진 직업인가!

배우고 익히는 즐거움을 누린다

배우기 가장 좋은 방법은 남을 가르치는 것이라는 말이 있다. 남을 가르치기 위해서는 스스로의 호기심을 채우는 정도의 지식으로는 부족하다. 남을 가르치기 위해서 하는 공부는 폭 넓고 깊이 있고 정확해야 한다. 본인이 이미 오랫동안 경험한 분야의 지식일지라도 남에게 전해주기 위해서는 탄탄한 이론적 접근이 필요하다. 나는 직장생활의 대부분을 기획실에서 보냈다. 기획실의 주요 업무 중의 하나는 각종 형태의 보고서를 생산해내는 일이다. 공무원의 경우 하루에 무언가를 쓰는 시간이 평균 5시간이 넘는다는 연구도 있다. 결국 많은 직장인의 운명이 쓰는 능력에 의해서 좌우된다고 해도 과언이 아니다.

조직에서 쓰는 일과 관련하여 최고로 우수한 집단 중 하나는 세계적인 컨설팅 그룹이라고 할 수 있고 따라서 이곳에서 일하는 컨설턴트들은 그러한 훈련을 가장 체계적으로 배운 사람들이라 할 수 있다. 그러니 보고서 혹은 기획과 관련한 강의를 하기 위해서는 이들의 방법론과 이론을 공부해야 한다. 그래서 시작한 것이 맥킨지 그룹의 컨설팅 방법론과 쓰기에 관한 이론을 공부하는 것이었다. 맥킨지 그룹은 지금도 컨설팅 분야에서 선두를 유지하고 있는 글로벌 기업이다.

맥킨지에서 수십 년 동안 컨설턴트들에게 논리적 사고와 문제 해결의 기술을 교육했다는 바바라 민토(Barbara Minto)의《논리의 기술》로부터 시작하여《맥킨지 문제 해결의 기술》,《맥킨지는 일하는 방식이 다르다》,《맥킨지는 일하는 마인드가 다르다》,《맥킨지식 사고와 기술》,《맥킨지식

전략 시나리오》,《맥킨지 문제 해결의 이론》등 맥킨지와 관련된 대부분의 책을 섭렵했다.

몸으로 느낌으로 부딪히는 과정 중에 좌충우돌했던 많은 지식들이 구름이 걷히듯 명확히 정리되기도 했고, '이런 걸 몰라서 그 숱한 고생을 했구나' 하며 무릎을 치기도 했으며 나이가 들어서도 배움에 의해서 일하는 방식이 얼마든지 바뀔 수 있음을 깨닫기도 했다. 기획실에서의 경험과 이론이 합쳐지니 강의는 매우 실질적이 되었고 좋은 평을 얻게 되었다. 인사나 교육 분야에서 근무한 경험으로만 기획 강의를 하는 강사들과는 확연히 대비되었기 때문이다.

맥킨지의 문제 해결 방법론은 요즘 문서 작성이나 기획과 관련된 강의를 하는 사람들에게는 필수적으로 공부해야 하는 코스가 되었지만 얼마 전까지만 해도 맥킨지식의 문제 해결 방법론과 논리적 사고 훈련 등은 직장생활의 경험이 많은 사람들에게조차 생소한 것이어서 교육을 받는 사람들의 반응은 아주 열광적이었다. 나 스스로 여기에 깊이 빠져들었기 때문에 강의에는 열정과 확신과 사명감마저 있었다. 이렇게 공부하고 강의하다 보니 사고하는 방식도 그렇게 바뀌어 갔다. 그러면서 느낀 것은 사람은 끝없이 배워야 한다는 것이고, 나이와 관계없이 변하고 발전할 수 있다는 것이다. 강의를 하지 않았다면 영원히 모르고 지나갔을 세계다.

나는 본격적인 강의의 시작을 교육회사에서 했기 때문에, 내가 하고 싶은 분야만 강의할 수는 없었다. 다양한 기관에서 다양한 요청이 들어

오기 때문에 파트너로 일하는 강사들은 넓은 범위의 주제를 소화할 수 있어야 한다. 기획이나 보고서 등의 강의 외에도 리더십과 커뮤니케이션 분야를 공부해야 했는데 이 또한 만만치는 않았다. 역시 체계적이고 이론적인 접근이 필요했다.

일단은 자기계발 분야의 대가들을 섭렵해 나갔다. 데일 카네기, 나폴레온 힐, 스티븐 코비(Stephen Covey), 브라이언 트레이시, 지그 지글러(Zig ziglar), 존 맥스웰(John C. Maxwell), 안소니 로빈스(Anthony Robbins), 레스 브라운(Les Brown), 웨인 다이어(Wayne Dyer), 톰 홉킨스(Tom Hopkins) 등을 거쳤다. 이후에는 기업에서 탁월한 성과를 낸 잭 웰치 GE 회장, 리 아이아코카(Lee Iacocca) 크라이슬러 회장, 루이스 거스너(Louis V. Gerstner) IBM 회장, 칼리 피오리나(Carly Fiorina) 휴렛패커드 회장, 빌 게이츠(William H. Gates) MS 회장, 스티브 잡스(Steve Jobs) 애플 회장, 나가모리 시게노부(永守重信) 일본전산 사장 등 탁월한 성과를 낸 사람들의 성공이론과 방식 등을 공부해 나갔다.

이러한 과정은 실제로 내가 느끼고 감동하고 반성하는 시간이 되었다. 남에게 전달하기 위해서는 스스로도 감동하고 공감하고 느끼지 않으면 안 된다. 본인의 경험과 느낌, 스타일과 부합하는 부분만이 자신의 강의 테마가 되는 것이고 자기의 감정이 실려 전달되게 되면서 남을 움직이게 되는 것이다. 자기가 공감하지도 못하고 본인의 실천과 완전히 동떨어져 있는 이야기는 강의 자체가 되지 않는다. 리더십을 강의하게 되면 곧 리더십을 가진 사람으로 변화하려는 노력을 하게 되고 실천하려는 의지도 자연스럽게 일어난다. 강사를 하는 사람들은 분위기와 필요상 늘 공부하고 학습하는 분위기 속에서 지낸다. 그러다 보니 많은 강사들이 강의를 하는 짬을 내어 다시 학위과정에 들어간다든지 나름대로의 계획을 갖고 공부를 해 나간다. 사람은 바뀌지 않는다고 하는데, 중년 이후 나날이 발전하고 새로워지는 느낌을 갖게 되니, 이 얼마나 행복하고 좋은 직업인가?

풍성하게 관계 맺고 폭넓게 기여할 수 있다

최근 여러 연구에서 행복에 영향을 미치는 중요한 요소로 '관계(Relationship)'를 강조하고 있다. 미국 펜실베니아 주에는 이탈리아 사람들이 이민 와서 만든 '로세토'라는 마을이 있다. 이곳에 사는 사람들의 심장병으로 인한 사망률은 미국 전체의 사망률과 비교할 때 절반밖에 되지 않는다. 이 때문에 이곳에 사는 사람들의 먹거리라든가 생활방식을 연구하게 되었는데 연구 결과, 공동체 삶에 비결이 있다는 것이 밝혀졌다. 서로 돕고 끈끈하게 교류하는 인간관계가 심장병 발병률을 낮췄다는 것이다. 로세토 마을을 떠난 사람들의 사망률은 다시 다른 지역의 사망률과 비슷해졌다고 하는데, 그만큼 관계라는 것이 중요하다는 의미다.

　인터내셔널헤럴드트리뷴 지는 고향에서 임종하려고 돌아온 60대 환자가 100세를 누리도록 바꿔놓은 기적의 섬으로 '이카리아 섬'을 소개한 적이 있다. 이카리아 섬의 장수의 요인 중 하나에도 '사생활이 없는 생활'이라는 독특한 이유가 있었다. 이곳에서는 남의 집 아이도 마음대로 꾸짖는 등 모두가 참견쟁이라는 것이다. 섬 주민 모두가 이렇게 서로를 참견하고 감시하고 있어 범죄율도 현저히 낮다는 재미있는 관찰도 있다. 작은 마을이다 보니 누구나 마을의 각종 행사에 불려다니기 일쑤여서 사교적이지 않은 성격이라도 섬에서는 외로울 수가 없다고 했다. 이렇게 소속감과 안정감, 관계성이 높은 곳에서는 치매에 걸리는 경우도 드물다고 한다.

강사처럼 많은 사람과 만나고 교류하는 직업이 있을까? 일단은 강의를 의뢰하는 회사(교육회사와 교류한다면)의 사람들과 다양한 교류를 하게 된다. "이 날짜에 시간이 되시나요?", "이런 주제의 강의가 가능하신가요?" 이러한 대화를 나누다 보면, "언제 만나서 식사라도 같이 하실까요?" 등의 대화로 발전하게 된다. 또 강의를 의뢰한 기관에 가서는 어떤가. 이곳에서도 강의 전후로 기관장을 비롯하여 실무자들과 다양한 이슈를 이야기하게 된다. 그 다음에 만나게 되는 청중들 혹은 피교육생들과도 강의 현장에서는 물론이고, 이후에도 만남이 이어지는 사례도 종종 있게 마련이다. 나 또한 멘토가 되어줄 것을 부탁하던 피교육생과 지금껏 연락을 주고받는가 하면, 어려울 때마다 조언을 부탁하던 청중과도 지속적인 만남을 유지하고 있다. 이렇게 직접 만나게 되는 사이는 아닐지라도 일과 관련하여 연락을 주고받을 수 있는 관계가 형성되는 일은 자연스러운 일이다. 인맥을 넓히기 위하여 수천만 원씩 들여 대학원의 최고위 과정을 가기도 하는데 이 얼마나 좋은 기회인가. 이렇게 만나는 인연들과는 연령도 초월하게 되고 잘살고 못살고를 따지지 않게 되며 이해관계로 얽이지도 않는 순수한 관계가 된다. 무겁지도 가볍지도 않은 우호적인 관계. 강의를 통해서만 얻을 수 있는 특별한 형태의 만남이라 할 수 있다.

행복해지는 방법 중 하나로 많은 사람들이 봉사를 손꼽는다. 남을 도울 때야말로 존재의 진정한 가치와 보람을 느끼게 된다는 것이다. 평상시 돈을 받는 강사라 할지라도 때론 재능기부를 해야 하는 경우가 종종 있다. 어떤 프로페셔널한 강사에게도 강의료는 고정불변의 금액이 아니다. 공조직과 사조직에 따라 다르게 책정이 되기도 하고 영리법인이냐 비영리법인이냐에 따라서도 다르다. 시민단체, 종교단체, 대학생, 젊은이 등이 있는 곳에서는 대부분 교통비 정도를 받게 되든지 그나마도 없는 경우가 많다. 돈 문제로 이런 곳의 강의 요청을 거부할 수는 없다. 거기에는 보람이 있고, 젊음이 있고, 시민의 한 사람으로서 사회에 기여할 의무가 있기도 한 것이다. 강사료를 충분히 주는 곳에서만 강의를 하겠다는 것은 본인이 강의하고 있는 리더십의 본질과도 부합하지 않는다. 이런 곳에서의 강의는 더욱 진솔해질 수도 있고 보다 다양한 측면을 다룰 수도 있어 강의하는 사람에게는 또 다른 특별한 경험이 되기도 한다. 듣는 사람들의 반응도 훨씬 진지한 경우가 많다. 또 이후 아주 친밀한 관계가 형성될 가능성이 높다. 어쩌면 곧바로 그 단체의 일원이 되기도 한다. 강의를 재능기부하게 되는 것만큼 쉽고 즐겁고 보람 있는 봉사도 드물다는 생각이다. 경우에 따라서 한 젊은이의 생각을 보다 차원 높게 바꾸어 세상에 기여하게 할 수도 있다. 세상을 주유하며 수많은 사람들과 교류하고 때론 이들에게 봉사할 수 있는 삶. 역시 강의를 하고 있기 때문에 얻을 수 있는 행운들이다.

'몰입'하는 삶을 살 수 있다

'몰입'이라는 개념을 세상에 처음으로 소개한 학자는 시카고 대학교에서 오랫동안 근무한 미하이 칙센트미하이(Mihaly Csikszentmihalyi) 교수다. '몰입'이라는 개념은 우리의 행복에 대한 관점마저 바꾸어놓았다. 칙센트미하이 교수가 정의하는 행복의 개념은 '다른 어떤 일에도 관심이 없을 정도로 지금 하고 있는 일에 푹 빠져 있는 상태'이며 이를 그는 '플로우(Flow)'라고 명명했다. 다시 말해 어떤 행위에 깊게 몰입하여 시간의 흐름이나 공간, 더 나아가서는 자기 자신에 대한 생각까지도 잊어버리게 되는 심리상태를 말하는 것이다. 나는 강의를 하면서 그런 경험을 했다. 강의를 하는 순간에는 오직 전하고자 하는 메시지와 청중의 반응에 온 신경이 집중되어 있을 뿐이다. 강의 시작 전까지 머리를 맴돌던 일상생활에서의 사소한 고민거리나 세상사가 끼어들 여지는 어디에도 없다. 이 시간을 문제없이 성공적으로 주관하고 마무리할 주인공은 오직 강사 본인밖에 없다.

이런 몰입의 상태를 자주 경험할수록 우리 삶의 질은 높아진다고 한다. 그리고 그러한 상태를 돌아볼 때, 우리의 마음은 더없이 행복해진다고 한다. 이러한 몰입의 상태를 경험하기 위해서는 몇 가지 조건이 필요하다. 첫째는 분명한 목표가 있어야 하는데, 이것은 '인생의 목표'와 같이 거창하지 않아도 된다. 둘째는 그 목표가 도전할 만한 것이어야 한다. 너무 쉽지도 너무 어렵지도 않아야 한다는 것이다. 셋째는 길지 않은 장래에 피드백이 있어야 하는데, 강의만큼 이러한 조건에 부합하는 일이 많지 않은 것 같다. 강의를 하는 일만큼 목표가 분명한 일이 어디 있겠는가. 주제가 이미 분명히 주어져 있으며 이 주제를 가장 효율적으로 전달하는 것이 미션이지 않은가. 이 임무를 성공적으로 완수해내는 일은 늘 도전 과제가 된다. 아무리 최선을 다한 강의에도 어딘가에 아쉬움이 남기 마련이다. 강의가 끝나는 순간 피드백이 주어지고 본인 또한 어떤 느낌을 갖게 된다. 강의를 하는 동안 대부분의 강사는 이러한 몰입의 순간을 경험하게 된다.

우리는 대부분 일과 여가를 구별하며 살아왔다. 일이란 외적인 보상을 얻기 위해 억지로 하는 것이며, 여가는 생산성은 없는 일이지만 즐거움을 주는 일로 개념화하고 있다. 그렇지만 외적 보상에 길들여져 갈수록 우리는 일이라는 것을 점점 고통스럽게 생각하게 되며, 여흥 역시 시간이 경과하면 다시 스트레스로 작동하는 속성을 가지고 있어 어떤 상황에서도 진정한 행복을 경험하지 못하는 경우가 많다. 몰입은 그 자체가 목적인 활동을 할 때 느껴지는 주관적인 상태라고 한다. 강의는 강의를 하는 자체가 목적인 활동이 되는 대표적인 경우이다. 가끔은 피교육생들에게 이런 질문을 하기도 한다. "여기에 서 있는 강사와 여러분 중 누가 더 힘들까요?" 얼핏 생각하면 앉아서 편히 듣고 있는 피교육생은 편하고 강사만이 힘들 것 같다. 그렇지만 적극적인 자세로 시간을 주관하는 강사에게 피곤하다거나 지루하다는 감정은 있을 수가 없다. 그러한 것들은 강의가 끝나고 난 한참 후에 느끼는 몸의 반응일 뿐이다. 수동적으로 임하는 피교육생과 몰입해서 최선을 다하고 있는 강사와는 그 순간 전혀 다른 질의 삶을 보내고 있는 것이다. 그러므로 강사는 몸이 아파도 강단에 서게 되면 아픈 줄을 모르게 된다.

　이러한 이유 때문에 당신이 마지막 직업을 강사로 삼았으면 한다. 치열한 경쟁사회를 살아온 사람들은 한적한 시골 마을에서의 여유로운 노년을 꿈꾸지만 정작 여유로운 노년을 보내는 사람들은 '일이 있는 것이 좋은 줄 알라'고 말한다. 질 높은 행복이란 우리의 행동을 컨트롤하며 스스로 주인이 되어 이끌고 있다는 느낌이 드는 것이라고 한다. 그렇다면 우리는 언제 어떠한 상황에 있더라도 능동적으로 행동하고 사람들과의 관계를 친밀하게 유지하는 것이 좋다. 나는 그 모든 조건을 충족하는 일이 강의가 되지 않을까 생각하는 것이다.

강의 노트

- 강사 세계의 최대 장점은 리스크가 적고 가능성은 무한하다는 것이다.

- 다양한 장소, 다양한 환경, 다양한 사람들을 상대로 활동하는 강사 생활은 삶의 의미와 즐거움을 배가시킨다.

- 배우고 익히는 것이 강사라는 직업의 특성인 만큼, 나날이 발전하는 인간으로 살 수 있다.

- 강의를 통해 세상과 활발하게 소통하며 봉사도 하는 행운을 누릴 수 있다.

Part 2

준비된 자만이
프로강사가 될 수 있다

01

돈 버는
강사가 되는 방법

강사가 되기 위한 방법에는 어떤 것이 있을까? 강사 자격증이 있어 따로 시험을 봐야 하는 것은 아니다. 특별히 강사라는 직업을 공인해주는 기관이 없다면 오늘부터라도 강사라는 명함을 찍어가지고 다니면서 강사 활동을 시작하면 될 일이 아닌가? 그렇다, 맞는 말이다. 내가 스스로 "나의 직업은 강사다"라고 생각하면 강사가 되는 것이다. 그렇지만 독자들이 원하는 답은 그게 아닐 것이다. '강의로 돈을 벌 수 있는 길'이 궁금한 것이다.

이 책의 모두에서 내가 강의를 시작하게 된 동기와 과정을 일부 이야기했다. 나의 경우, 선배의 강의 현장을 따라다니면서 강의 기법을 배우고 조금씩 강의처를 확보해 나가기 시작했다. 강의를 직업으로 삼겠다고

99

결심한 사람 중에는 강의를 시작할 당시 나의 상황만큼이나 절박한 경우도 많으리라 생각한다. 그렇지만 세상의 모든 일에는 시간이 필요하다. 투자도 필요하다(금전적인 투자만을 말하는 것이 아니다). 급한 길은 돌아가라고 했듯이 차분히 짚어야 할 것을 짚어가면서 이야기를 해봐야 한다. 그렇다. 우리는 돈을 벌고자 강의를 시작하려 한다. 봉사 차원에서 강의를 하고자 하는 독자에게도 필요한 이야기이니 경청해주시길 바란다.

　잠시 자신이 들었던 강의를 한 번 떠올려보기 바란다. 한쪽에서는 강의가 진행되고 있는데, 몰래 복도나 로비로 도망간 경험은 없는가? 비록 몸은 강의 현장에 있지만 강의에는 집중을 할 수가 없어 스마트폰을 들여다보며 강의가 끝나기만을 기다린 적은 없는가? 강사가 된다는 것은 손님으로 드나들던 음식점에서 주인이 되어 손님을 맞게 되는 상황으로 뒤바뀌는 것과 같다. 최근에는 청중들이 대부분의 강의 주제에 익숙해져 있고, 이 글을 읽는 독자 역시 강사나 강의는 어떠해야 하는지 경험한 바도 많고 알고 있는 바도 많다. 이제 그 내용들을 함께 정리해보고, 그 위에 모더레이터로서 필자의 경험을 전달해 해결방안을 완성해보고자 한다.

차별화된 주제를 찾아야 한다

강의는 들을 만한 가치가 있어야 한다. 너무도 당연하고 냉정할 수도 있는 말이다. 비록 돈을 지불하지 않고 듣는 강의일 경우에도 마찬가지다.

나의 귀중한 시간을 들였기 때문이다. 기회비용이란 개념이 있다. 이 일을 하는 대신 다른 일을 하게 될 경우에 얻는 이익을 말한다. 강의를 듣는 청중들은 다른 많은 것을 포기하고 그 시간을 할애했다. 그렇다면 그 어떤 일을 하는 것보다 가치 있는 시간이 되어야 한다. 들을 만한 강의라는 것은 '얻어갈 것이 있는' 강의를 말한다. 어디에서나 누구에게서나 들을 수 있는 강의도 아니어야 한다. 이 순간 "제가 과연 그런 강의를 할 수 있을까요?" 묻고 싶을 것이다. 대답은 물론 "할 수 있다"이다. 아니 당신은 그렇게 살아왔다. 당신의 삶 자체가 이미 이 세상 누구와도 똑같지 않다. '차별화'라는 말이 어렵게 들릴지 모르지만 이미 누구나 차별화된 삶을 살고 있다. 문제는 그것을 찾아내는 것이다. 다시 말하지만 여러 가지를 준비할 필요는 없다. 오직 1가지 확실한 것부터 공략하면 된다. 다음과 같은 질문을 던져보는 것도 자신만의 주제를 찾는 데 도움이 된다.

① 나의 어떤 경력이 강사로서의 명분이 되는가?

② 나에게 어떤 전문성이 있는가?

　나는 어느 분야의 전문가가 되고 싶은가?

③ 내가 열정을 갖고 있는 분야는 무엇인가?

④ 나는 무엇으로 다른 사람들에게 도움을 줄 수 있는가?

⑤ 내가 가진 독특한 견해는 무엇인가?

⑥ 내가 강의를 하면 어떤 사람들이 들을 것인가?

강사에게 어떤 특별한 학위나 경력이 요구되는 것은 아니지만 하고자 하는 강의와 관련하여서는 전문성이나 명분이 있어야 한다. '왜 이 이야기를 저 사람에게 들어야 하는 거지?'에 대한 이유가 있어야 한다. 체중이 150킬로그램이나 나가던 사람이 60킬로그램으로 다이어트에 성공했다면 그 사람은 다이어트에 관한 이야기를 할 만한 충분한 자격이 된다. 2015년 서울대학교 후기 졸업식에서 졸업생 대표로 연설을 한 정원희 씨는 첫 돌도 안 돼 뇌성마비를 앓아 지금까지 휠체어에 의지해왔다고 한다. 그 자체로 장애인들에게는 꿈과 희망의 상징이 된다. 미용사로 시작하여 지금의 주노 헤어라는 국내 최대의 헤어 프랜차이즈를 운영하고 있는 강윤선 대표는 가난하고 배우지 못한 역경을 이겨낸 사람이다. 얼마든지 가난하고 배우지 못한 사람들에게 이야기할 자격이 있다. 강의를 하고자 하는 사람은 자기의 삶을 강의 주제와 연결할 고리를 만들어야 한다. 공무원 조직에서 글쓰기와 관련된 강의를 하고 있는 임재춘 씨는 공무원 시절 글쓰기를 잘못하여 좌천됐던 사람이다. 이후 글쓰기 공부를 하여 이 분야의 전문가가 되었다. 이 분의 스토리는 글쓰기 강사로서의 충분한 명분이 된다. 이런 연결고리를 만드는 것은 어려운 일이 아니다. 자신이 어떤 강의를 하겠다는 다짐이 들었을 때에는 이미 어떤 연결고리가 있기 때문일 것이다. 이 명분이 강사에게 자격을 부여하는 것이다.

모방에서 창조로 가는 과정이다

강의의 힘은 축적된 데이터로부터 나온다. 그러기 위해서는 평소 다양한 경로를 통해 많은 자료를 축적해놓아야 한다. 그렇지만 자료를 모아놓는 것만으로는 아무런 도움이 되지 않는다. 자료는 분류를 통해서만 생명력을 갖게 된다. 분류된 자료는 강의 소재로 다듬어져야만 최종적으로 살아남게 된다. 같은 주제로 계속 데이터를 축적해 나가고 생각을 하다 보면 나만의 견해가 생긴다. 한 권의 책을 읽으면 PPT 한 장이 만들어진다고 했던가(조금은 과장이다. 4~5장은 나오지 않을까). 하긴 책을 한 권 읽고도 강의 자료 한 장이 안 나오는 경우도 있긴 하다. 차별화된 자료는 이렇게 어렵사리 조금씩 쌓아가는 것이다. 1가지 주제로 오랫동안 자료를 축적하다 보면 결국 1가지 주제만으로도 몇 시간을 이야기할 수 있게 된다. 준비한 이야기는 다 했는데 시간이 남았을 때의 당황스러움은 초보 강사 시절 누구나 경험하는 일이다. 나는 1시간짜리 강의를 준비해갔는데 2시간 강의 의뢰였다는 황당한 일을 경험한 적도 있다. 차츰 자료와 경험이 쌓이면 2시간짜리 강의를 1시간 만에 마칠 수 있게 되고, 1시간짜리 강의 자료로 3시간을 해낼 수도 있다. 창의적이고 독창적인 강의는 데이터를 기반으로 만들어가는 것이지 고민한다고 얻어지는 게 아니다. 경영과 관련하여 산전수전 다 겪은 잭 웰치나 이건희 회장을 설득하기 위해서는 오직 자신의 주장을 뒷받침할 충분한 자료에 의지하는 수밖에 없다. 강의 세계도 마찬가지다.

서예를 배우는 과정을 생각해보자. 한 획 한 획을 긋는 기초를 배운 뒤로는 수백 년 전 명필들이 썼던 글씨를 따라서 쓴다. 명필들의 글을 직접 따라 쓰기에는 탁본의 글자가 선명치 않기 때문에, 대체로 선생님이 옮겨 써주신 글자를 따라서 연습하게 된다. 이렇게 수 년에서 수십 년의 수련을 거친 후에야 자신만의 독창적인 글씨체가 나오게 된다. 세상의 모든 창작은 모방으로부터 나온다. 강사도 많은 강의를 들어봐야 한다. 보통 사람은 서예 작품을 봐도 그것이 잘 쓴 글씨인지 못 쓴 글씨인지 판단하기 어렵다. 많은 작품을 오랫동안 보아온 사람만이 작품의 진가를 알 수 있다. 강사가 되려는 입장에서 다른 사람들의 강의를 여러 차례 듣다 보면 소위 말하는 감이 생긴다. '아, 저렇게 해야겠구나!' 하는.

세상에는 말로 표현하기 힘든 경지가 있다. 장자에 나오는 제환공의 일화다. 제환공이 책을 읽고 있는데 아래에서는 편 씨 성을 가진 노인이 수레바퀴를 깎고 있었다. 이 노인이 제환공에게 "지금 읽고 계신 것은 무슨 책입니까?" 묻자 제환공이 "성인들이 남기신 말씀을 읽고 있다"고 대답했다. 그러자 노인이 "그렇다면 그것은 옛 성인들의 찌꺼기에 불과하지 않습니까?"라고 재차 묻는다. 이에 제환공이 노하여 "너 그게 무슨 말이냐. 네가 한 말에 대하여 정확히 해명하지 못하면 가만두지 않겠다"라고 말한다. 노인은 "저는 지금 수레바퀴를 깎고 있습니다. 이 바퀴를 조금만 더 깎아도 굴레가 헐거워지고 조금만 덜 깎아도 굴레가 빡빡하여 들어가지 않습니다. 이런 경지를 저는 제 아들에게 알려주고 싶지만 알려줄 수 있는 방법이 없습니다"라고 대답한다. 이후 제환공이 수긍을 했는지의 여부는 알려진 바 없지만 글의 맥락으로 볼 때 당연히 그

랬을 것으로 보인다. '유머는 분석하는 것이 불가능하다'라는 말이 있는 것처럼, 강의도 분석하는 것만으로는 내 것으로 만들 수 없다. 감각으로 훈련해야 할 부분이 많기 때문이다.

강의 노트

- 청중의 기회비용을 상쇄할 수 있도록 '얻어갈 것이 있는 강의'를 제공해야 한다.
- '이 강의를 반드시 나에게 들어야 하는' 명분을 제시하는 강사가 되어야 한다.
- 명강사가 되기 위해서는 반복적으로 강의를 듣는 훈련을 선행해야 한다.

02

강의든 음식이든
재료가 좋아야 한다

어쩌면 이제부터가 본격적인 강사 되기 프로젝트의 첫발이라 할 수 있다. 내가 최초로 돈을 받고 강의를 한 곳은 지방의 공무원 교육원이다. 이곳은 연초에 연간 강의 프로그램을 공개하고 지원자를 받아 운영하고 있다. 당시만 해도 공무원 교육기관의 강의는 여러 면에서 느슨한 측면이 있었다. 대상자들이 여러 지역 여러 기관에서 온 데다 교육점수를 이수해 가기만 하면 된다고 생각하여 강사에 대해 특별히 기대하거나 요구하는 것도 없었다. 그저 편안하게만 있다 돌아가기를 원하는 분위기였다. 사람 숫자도 별로 많지 않고 직급이 높은 사람들도 아니었다(초보 강사에게 나이 많은 사람, 직급이 높은 사람은 훨씬 부담되기 마련이다). 그러니 초보 강사에게는 안성맞춤인 무대였다. 공무원 교육원에서 부탁하는 시간은 대체로 3시간 정도다. 이렇게 3시간을 부탁하는 것은 여러 이유가 있지만 시간당 강사비가 높지 않은 게 첫째 이유다. 시간이라도 적당히 확보해줘서 멀리까지 오는 강사들을 예우하겠다는 것이다. 당시 강의를 막 시작할 때였으므로 나에게는 축적된 자료가 별로 없었다. 3시간 동안 강단에서 혼자 이야기할 콘텐츠를 전혀 갖고 있지 못할 때였다. 이런 상태의 내가 강의를 할 수 있었던 것은 앞에서도 소개한 다양한 모더레이팅 기법을 선배에게서 배웠기 때문이다. 이런 참여자 중심의 교육은 당시 공무원 교육원에서는 전혀 시현되지 않은 생소한 강의 기법이었다. 나란히 배열되어 있던 책상을 이리저리 옮겨 팀을 만들고 생각지도 않았던 도구를 갖고 게임을 하고, 상황을 설정하여 토론도 하고 발표하자, 폭발적인 반응이 왔다. 강의 평가는 거의 만점에 가까웠다. 난 사실 자리만 깔아준 셈인데 말이다. 그렇지만 이곳 한 곳만으로는 별로 돈이 되질 않았다. 1달에 1번 정도 있을까 말까 한 기회였기 때문이다.

다음으로 공략한 곳이 지역의 청소년 문화센터다. 청소년 문화센터는 모든 시, 군, 구가 운영하고 있다. 말 그대로 청소년 관련 다양한 활동을 하는 곳인데 다양한 강좌가 개설된다. 이곳 또한 청소년을 대상으로 한다는 특수성과 높은 강사료를 지불할 수 없다는 특성이 있기 때문에 이미 자리 잡은 강사들이 활동하는 무대는 아니다. 그러나 산만하고 강사에게 전혀 관심이 없는 청중을 집중시키는 훈련을 하기에는 더없이 좋은 무대다. 그 이후 다양한 비영리법인들을 대상으로 강의 범위를 넓혀 가던 중 앞에서 이야기한 대로 교육회사에 들어가게 되었다. 공무원 교육원이 됐든 청소년 문화센터가 됐든 스스로 나를 찾아와 강의를 의뢰한 것은 아니다. 나는 대상이 될 만한 모든 기관에 나의 프로필을 우편으로 돌렸다. 100장을 보내면 그중에 한 곳 정도에서 문의가 오는 수준이었다.

가장 실질적인 마케팅은 어디에서라도 강의 기회가 주어졌을 때 전심전력을 다해 승부를 거는 것이다. 강의 시장은 입소문이다. 유사한 일을 하는 기관들은 유사한 고민을 하고 있고, 강사에 대한 정보는 바로 공유가 된다. 이러한 원리를 믿고 언제 어느 곳에서 강의를 하게 되더라도 혼신의 힘을 다해야 한다. 많은 경우 청중의 한 사람이 강의 연결자가 되기도 한다. 후배 강사 중 하나는 초보 시절 초등학교부터 고등학교까지 자신의 모교를 찾아다니며 공짜 강의를 하기도 했다. 시작 단계에서는 무료 혹은 강의료가 낮은 곳에서 경험을 쌓을 수밖에 없다. 문화원을 공략해보는 것도 좋은 방법이다. 문화원은 시간과 공간만 허락되면 자신의 강의를 개설할 수 있다. 문화원 역시 강사와 수익을 나누는 방식을 통하여 적은 예산으로 다양한 강좌를 운영할 수 있기 때문이다.

강사의 경쟁력이 차별화된 강의 자료에 있다는 것은 아무리 강조해도 부족하지 않다. 요리를 잘하는 사람들이 한결같이 하는 이야기가 있다. 일단 좋은 재료, 신선한 재료를 써야 한다는 것이다. 맛있는 요리에는 요리사의 손과 레시피라는 비밀이 있을 것으로 생각했는데, 재료가 곧 비결이라는 말은 신선하게 다가왔다. 강의도 마찬가지다. 강사의 차별성과 강의 품질은 좋은 자료에서 나온다. 좋은 자료는 여러 가지 방법으로 확보할 수 있다. 하나는 남들이 접근하지 못하는 곳에서 얻는 자료다. TV를 보다 보면 산삼이나 약초를 구하러 다니는 사람들이 나올 때가 있다. 이들이 구해 오는 산삼이나 귀한 약초는 남들의 발길이 잘 닿지 않는 곳에 있다. 그래서 험한 산길을 오르고 남이 다니지 않는 길을 개척하느라 며칠씩 산에서 야영하기도 한다. 누구나 쉽게 구할 수 없는 것을 얻기 위해서는 그에 준하는 고생을 해야 하는 것이다. 강사의 경우도 마찬가지다. 남들이 하는 이야기나 인터넷을 떠도는 자료는 누구라도 구할 수 있다. 서점을 다니며 베스트셀러를 놓치지 않고 읽는 것도 누구나 할 수 있는 일이다. 누구나 할 수 있는 일이라는 것은 기본적으로 해야 하는 일이라는 뜻도 된다. 그렇지만 이런 정도의 자료로는 남과 차별화가 될 수 없다. 과연 남들이 구할 수 없는 자료란 어떤 자료인가?

차별화된 강의 자료를 확보하는 방법

첫 번째, 각종 통계 자료를 보는 일이다. 남들이 하는 이야기가 아닌 나의 이야기를 하기 위해서는 기초 자료를 바탕으로 나만의 요리를 해야 한다. 사실 많은 베스트셀러들은 누구나 귀찮아하는 '기초 작업'을 성실히 한 데서 만들어지는 경우가 많다. 통계를 통하여 새로운 트렌드를 읽고 몰랐던 사실을 발견하는 것이다. 이렇게 만들어진 자료는 언제나 내가 최초가 된다. 내가 오리진이 되는 것이고 내가 창조자가 되는 것이다.

　두 번째는 내가 직접 조사하는 것이다. 강사들이 인용하는 사례는 대부분 누군가의 책에 나오는 내용이다. 강사들이 보여주는 사진이나 그림은 모두 남의 작품이다. 인터넷에서 쉽게 긁어온 것이다. 나만의 독창성을 찾아야 한다. 내가 직접 조사하고 내가 인터뷰하고 내가 찍은 사진을 보여주는 것이다. 그것이 가장 정확하게 나의 주장을 뒷받침할 수 있는 방법이기도 하다. 강사는 머리만 쓰는 직업이 아니다. 발로 뛰어야 하는 직업이라고 발상을 바꿔야 한다. 이렇게 만들어진 자료는 누구도 따라 하지도 베낄 수도 없다.

　세 번째, 좋은 자료는 융합에서 온다. 앞서 요리의 관건이 좋은 재료에 있다고 했다. 재료가 스스로 맛을 내는 것이다. 좋은 자료를 정성껏 모으고 분류해 나가다 보면 자료 스스로 이야기를 하기 시작한다. 강사가 스스로 생각하지 않아도 하나의 스토리가 탄생하는 것이다. 스티브 잡스와 레오나르도 다빈치와 다산 정약용 선생이 함께 손을 잡고 일어나 '우리는 비슷한 사고방식으로 서로 다른 시대를 살았던 사람'이라고 말을 해주는 것이다. 이러한 통찰은 자료가 말해주는 것이지 내가 만들어내는 것이 아니다. 가만히 앉아서 무슨 멋진 이야기를 하나 만들어볼까 생각한다고 해서 만들어지는 것이 아닌 것이다. 풀로 뒤덮였던 길이 등산객의 발길로 선명해지듯이 꾸준한 독서와 자료를 축적함으로써 새로운 혜안이 생긴다. 우리의 뇌가 원래 그런 속성을 갖고 있다. 계속적인 자극에 의해서 뉴런과 뉴런이 상호교류하게 되고, 이것이 반복되면서 결국에는 큰 대로로 연결되는 것이다.

　마지막으로, 해외의 온라인 교육 자료들을 적극 활용하는 것이다. 세상은 빨리 변한다. 강의 시장도 예외가 아니다. 내가 강의를 시작하던 해와 거의 동시에 유튜브(www.youtube.com)가 시작이 되었다. 당시 유튜브에 관심을 기울이는 강사는 없었다. 다들 그저 동영상을 모아 놓는 새로운 비즈니스가 탄생을 했나 보다 정도로 생각했다. 구글의 인프라를 떠나 정식 독립한 것이 2010년이니 유튜브의 역사는 길지 않다. 그렇지만 그 짧은 시간에 유튜브는 없어서는 안 될 중요한 정보원이 되었다. 강사에게는 더욱 그렇다. 그간 텍스트로만 만나왔던 유명 강사들의 강의 모습을 실제로 볼 수 있게 된 것이다. 오늘날에는 유튜브가 강력한 마케팅 수단이 되면서, 오히려 강사들이 자신의 강의 모습을 경쟁적으로 업로드하고 있는 상황이 되었다. 그러니 유튜브를 검색해보면 이름난 강사들의 강의를 대부분 볼 수 있다. 분야도 가리지 않는다. 나 또한 하루도 거르지 않고 유튜브를 보고 있지만 내가 관심을 두고 있는 분야의 내용을 보는 데만도 감당할 수 없을 정도로 강의가 차고 넘친다.

　강의 동영상 서비스인 TED가 본격적으로 시작된 것도 같은 무렵이다. 소수 엘리트들의 지적 사교모임으로 시작되었던 것이 크리스 앤더슨(Chris Anderson)이 TED의 큐레이터로 들어오면서 급격한 변화를 맞게 된다. TED에서 우리는 다종다양한 분야와 사람들의 강의를 들을 수 있다. 듣고 나면 세상이 어떻게 돌아가고 있는지를 한눈에 파악할 수 있다. 분야별로 가장 업데이트된 이야기들을 하고 있기 때문이다. 또한 강사들의 강의 방식이 어떻게 진화하고 있는지도 볼 수 있다. 강의 효과를 위해서 그들이 동원할 수 있는 모든 방법을 동원하고 있기 때문이다. 그것은 행복이라든가 명상이라든가 자기계발과 관련된 분야에 대해서도 마찬가지다. 그 분야 역시 최근의 트렌드라는 게 있기 마련이다. 세상에 변하지 않는 영역은 없다.

자료도 해외직구로

세계 유수 대학에서 온라인 강좌 서비스를 시작한 후로 교육 분야에서는 엄청난 지각 변동이 일어나고 있다. 대규모 온라인 공개 수업(MOOC : Massive Open Online Course)이 그것이다. 여기에서 세계적인 석학들의 강좌를 얼마든지 공짜로 들을 수 있다. 대표적인 무크(MOOC) 플랫폼은 미국 스탠퍼드 대학교 인공지능연구소 박사들이 세운 코세라(Coursera), 하버드 대학교와 매사추세츠 공과대학교(MIT)가 공동으로 설립한 에드엑스(edX), 구글 부회장 세바스찬 스런(Sebastian Thrun)이 만든 유다시티(Udacity) 등이다. 현재 세계 110여 개 대학이 참여하고 있으며 약 1,300만 명의 세계인들이 이를 통해 공부하고 있다. 한국에서도 약 2,000명의 학생들이 이 강의를 듣기 위한 커뮤니티를 만들어 활동하고 있다.

이와 관련된 최근의 사례다. 전문대를 나와 S전자에 다니던 사람이 있었다. 직장생활을 하면서 더 공부해야겠다는 생각을 갖고는 있었지만 업무와 병행하여 학교에 다시 진학한다는 게 쉽지 않았다. 또 막상 학교에 들어간다고 해서 정말 자기에게 필요한 과목들을 효율적으로 배울 수 있을까 하는 것에 대해서도 회의가 들었다. 그리하여 그가 선택한 것이 이 세계적인 대학들이 제공하는 온라인 강의였다. 최근 이런 세계적인 대학들은 강의를 제대로 이수하게 되면 과목별 수료증을 발급하고 있다. 그 수료증을 받기 위해 지불해야 하는 금액은 몇만 원에 불과하다. 이렇게 꾸준히 공부하면서 세계적인 대학이 발급하는 수료증을 차곡차곡 모아 놓은 그는 파격적인 대우로 스카우트가 될 수 있었다. 지금 많은 사람들이 이 방식으로 새로운 방식의 스펙 쌓기를 하고 있다. 이러한 교육 환경의 변화는 어학연수 유학생의 숫자마저 감소시키고 있다. 이전에는 상상도 하지 못했던 이러한 변화는 내가 강의를 시작한 후 10년, 빠르면 5년 이내에 일어난 것이다. 이런 환경에서 적응하는 일이 강사들의 새로운 과제가 되고 있다.

위의 이야기를 듣다 보면 머리를 맴도는 주제가 하나 있을 것이다. 그렇다. '영어'다. 남들과 차별화된 자료는 우리말 자료보다는 영어 자료에서 찾기가 쉽다. 세상이 발전할수록 영어의 중요성이 훨씬 더해졌다. 예전에는 독일어, 불어로 열리는 국제회의가 심심치 않게 있었다고 하는데 이제는 대부분이 영어로 진행된다고 한다. 영어가 강사의 생존 능력이 된 것이다. 유튜브에서 한국어 동영상은 보고 이해할 수 있겠지만 외국어로 된 동영상은 그렇지 못할 것이다. TED에서는 일부 강의에 한국어 번역이 되어 있지만 영어로만 볼 수 있는 동영상이 대부분이다. 물론 앞서 소개한 무크 서비스는 모두 영어로 되어 있다. 그렇다면 이제 와서 다시 영어 공부를 해야 하는가? 이것과 관련된 필자의 경험을 소개하고

자 한다.

자료를 찾아 헤매다 영어에 귀가 뚫리다

법륜 스님의 '즉문즉설'을 들어본 적이 있는가? 유튜브 검색창에 '법륜' 혹은 '즉문즉설'이란 단어로 검색하면 셀 수 없이 많은 법륜 스님의 강의를 볼 수 있다. 혹시 종교적인 이유로 스님을 거론하는 것에 대해 거부감을 느끼는 독자가 있을지 모르겠다. 그렇지만 여기서는 강의와 관련된 사례로써 이야기하는 것일 뿐이니 너그러이 들어주길 바란다. 법륜 스님은 어떤 주제를 준비하여 강의하는 게 아니다. 현장에서 직접 고민을 듣고 그 자리에서 바로 해결책을 제시하는 방식이다. 누군가가 마이크를 잡고 질문을 시작하면 나도 같이 해결책을 생각해보곤 한다. 누군가 오랫동안 고민하던 문제를 질문하는 것이라 대부분 즉석에서 답을 주기가 쉽지 않다. 그렇지만 법륜 스님은 통쾌할 정도로 시원한 해결책을 준다. 허를 찌르는 의외의 답도 많다. 얼마나 많은 경험과 내공이 쌓여 저런 경지에 이르게 되었을까 감탄하게 된다.

간혹 식당에 가면 "무얼 드시겠습니까?"라는 질문에 "아무거나 주세요"라고 말하고 싶을 정도로 메뉴를 고르기 어려울 때가 있다. 강의를 준비할 때도 마찬가지다. 어떤 주제로 이야기를 해야 할지 고민하게 되는 경우가 많은 것이다. 그럴 때는 차라리 법륜 스님처럼 "일단 질문을 해보세요, 그에 대한 답변을 드리겠습니다"라고 말하고 싶을 때가 있는 것이다. 그래서 요즘 많은 사람들이 법륜 스님의 강의 방식을 따라 하기도 한다. 어느 한 분야의 전문가가 그 분야에 한정된 강의를 할 경우라면 이 방법도 괜찮다. 그렇지만 평범한 강사가 리더십 혹은 커뮤니케이션이란 방대한 주제를 놓고 이렇게 진행하기에는 리스크가 너무 크다. 그건 그야말로 후광 효과를 이미 충분히 갖추고 있는 대가들이나 가능할 것 같다. 사실 법륜 스님 이야기를 꺼낸 것은 강의 방식보다도 공부하는 방법에 대한 이야기를 하고자 해서다.

어떤 사람이 스님에게 공부 방법에 대해 물었다. 그러자 "항상 '왜'라는 질문을 갖고 궁금한 것을 해결하려는 진짜 공부"를 해야 한다고 대답했다. 시험을 위해서 혹은 학위를 위해서 마지못해 하는 공부는 진짜 공부가 아니라는 것이다. 진정으로 무언가를 알기 위한 절실함으로 공부해야 진짜 자기 공부가 된다. 강사 또한 이런 마음으로 공부해야 전하고자 하는 이야기가 남에게 진정성 있게 전달된다. 강사가 된 이후 진짜 공부를 하게 되면서 변화한 필자의 경험을 하나 이야기할까 한다.

한국에 태어난 사람치고 한때 영어 공부 열심히 안 해본 사람이 어디 있을까? 우리 나이 때라면 성문종합영어 안 사본 사람이 어디 있으며, 《Vocabulary 22000》 외워보겠다고 안 해본 사람이 어디 있겠는가. 또 영어 회화에 도전한다고 테이프를 전질로 한 번씩은 사 봤을 것이고 많은 학원도 전전해봤을 것이다. 개인적으로는 어학당이라는 곳을 졸업도 해봤고 외국에서 공부를 해보기도 했지만 영어는 늘 넘을 수 없는 장벽 그 자체였다. 직장에서 해외출장도 꽤나 다닌 편에 속한다. 남들이 보기에는 영어를 그럭저럭 하나보다 생각했을지 몰라도, 스스로는 도대체 영어를 배웠다는 게 사는 데 도움이 된 적이 있나 하는 생각까지 하곤 했다. 외국에서 영화구경을 갔는데 정말이지 시작부터 끝까지 단 한마디도 들리지 않아 좌절한 적도 있고, 외국의 관광지에서 관광 안내원이 하는 말들도 전혀 들리지 않아 오히려 신기했던 적도 있다. "아! 어떻게 이렇게 오랫동안 공부를 하고서도 이렇게 진전이 없나!" 하는 한탄이 나왔다. 영어로 책을 보는 것도 그랬다. 영어 공부를 하겠다는 결심으로 원서를 사서는 10여 페이지 이상을 넘겨본 적이 없는 것 같다. 이러는 가운데 나이는 들었고 영어를 쓸 일도 점차 없어졌다. 영어는 그렇게 젊은 시절 온갖 고생만 시키고 시간만 허비하게 만들고는 용도 폐기가 되는가 싶었다. 《영어 공부 절대로 하지 마라》라는 책이 베스트셀러가 되기도 했지만(그 책은 결국 영어 책이다) 나 또한 영어 공부 하지 말라고 역설을 하고 다녔다. 도대체 회사에서 영어를 쓸 일이 어디 있느냐고. 그러면서 쓰지도 않을 영어 성적은 왜 보냐고. 회화 공부 한다고 1년 열심히 학원 다녀야 기껏 시청 가는 길이나 안내하는 정도밖에 되지 않으니 절대 영어 공부 하지 말라고. 차라리 그 시간에 다른 방식의 자기계발을 하라고. 영어에 들였던 그동안의 열성만큼 미워하는 마음도 커졌던 모양이다.

다시 영어에 관심을 기울이게 된 것은 강의를 하게 되면서부터다. 영어의 관문을 넘지 않고서는 남과 차별화된 콘텐츠를 확보하기가 어려울 거라는 생각이 들었던 것이다. 그러다 보니 다시 영어로 된 자료를 듣게 되고 보게 되었다. 다시 오기도 발동했다. 그동안 영어에 투자한 시간이 그렇게 많은데, 제대로 한 번 써먹지도 못하고 사장시켜야 한다는 생각에 억울하기도 했다. 다시 영어를 듣기 시작했다. 영어 공부에 대한 자세는 이전과 확연히 달랐다. 여기에서 물러나면 영원히 영어와는 끝이라는 생각이 들었다고 할까? 그렇다고 하루에 몇 시간씩 영어에 투자했다는 말은 아니다. 필요한 자료를 찾아 내용을 알아야겠다고 생각했을 때 온 정성을 다해 듣기 시작한 것이다. 강의로 남에게 전달하던 몰입을 스스로 온전히 몸으로 실천했다. 진심으로 하는 공부는 경지가 다르다. 그렇게 하루하루를 보내던 어느 날 영어가 들렸다. 이 들린다고 하는 것은 누구에게 물어보고 검증받을 것도 없다. 그냥 들리기 때문이다. '혹시 예전에도 이 정도는 들렸던 것 아냐?' 하는 생각이 들어 전에는 이해하지 못했던 자료들로 검증을 해봤다. CNN을 본 적은 있지만 거의 이해하지 못했다는 것을 분명히 기억하고 있는데 CNN이 들렸다. 외국 출장 중 일기예보를 들을 때 전혀 들리지 않았던 것을 기억하고 있는데 일기예보 내용이 들렸다. 분명히 들리지 않았던 '오프라 윈프리 쇼'가 거의 완전히 이해가 됐다. 자꾸 보다 보니 왜 오프라 윈프리에 미국 사람들이 그렇게 열광하는지도 알 것 같았다. 그렇다고 모든 영어가 다 들리는 것은 아니었다. 이렇게 비유할 수 있을 것 같다. 초등학생이 9시 뉴스나 심야 토론을 본다고 가정해보자. 거기에 나오는 모든 소리는 들리지만 복잡한 경제 이야기나 정치 상황 등의 전문 용어들은 완전히 이해하기 어려운 것과 마찬가지다. 주제가 생소한 분야나 전문적인 분야로 가면 역시 어려움이 있다. 그 뒤로 내가 듣는 수준이 어느 정도인가 하여 토익의 듣기 평가 부분을 들어봤다. 모두 들렸다. 듣기 부분에서는 거의 만점을 받을 것 같다는 느낌이 들었다. 요즘 미국 드라마로 리스닝 연습들을 많이 한다길래 그것도 들어봤다. 역시 무리 없이 들렸다. 그 뒤로 영어로 된 자료로 접근하는 빈도가 더 많아졌다. 강의 자료에 변화가 왔다. 내가 강의하는 주제가 '변화'와 관련된 이야기가 많은데 이 분야 외국 석학들의 강의를 듣고 인용하기 시작했기 때문이다. 기후 환경 분야의 세계적인 저서 《코드 그린(Code Green)》의 저자 토머스 프리드먼(Thomas L. Friedman)의 강의도 코세라를 통해 공짜로 수십 번이라도 들을 수 있다. 그렇게 만나게 된 세계적인 물리학자이자 미래 관련 전문가인 미치오 가쿠(Michio Kaku)의 강의는 내가 가장 많이 인용하는 사례가 되었다.

영어 공부를 하려는 모든 사람에게 조언한다. 자기가 써먹기 위한 영어를 해야 한다. 영어 공부를 제대로 해보겠다고 두꺼운 토익 교재부터 펼치는 것도 반대다. 첫 장부터 의학 용어가 나오는가 하면 다음 장에서는 지구의 역사에 관한 이야기, 또 다음 장에는 천문 우주 이야기가 나오는 식이다. 시험을 치러야 하는 학생들, 또 다양한 분야의 학문을 맛이라도 봐야 하는 청소년기가 아니라면 성인들은 절대 그렇게 영어에 접근할 필요가 없다. 그렇게 하다가는 모르는 단어 찾다 제풀에 지쳐 작심삼일에 그치고 만다. 회화 학원에 다니는 것도 반대다. "말할 수 있는 것만 들린다"는 말은 영어 전문가들이 공통으로 하는 말이다. 나는 이 주장에도 늘 의문을 가져왔다. 그렇다면 말을 못하면 듣지 못한다는 말인가? 나의 경험으로 듣는 능력은 듣는 훈련으로 습득이 가능하다. 내가 지금 자연스럽게 영어를 듣고 있지만 내가 그렇게 말할 수 있는 것은 아니다.

나처럼 귀가 뚫려야만 영어 자료에 접근할 수 있는 것도 아니다. 고등학교 영어 실력 정도면 대부분의 영어 자료에 접근이 가능하다. 미국의 모든 영어 방송은 자막 서비스가 제공이 된다. 듣지 못하는 사람들을 위한 배려다. 마찬가지로 미국의 동영상들은 자막을 통하여 이해할 수 있다. 그런 정도의 영어도 되지 않는다고? 천만의 말씀이다. 자신에 대해 아직 모르고 있다는 말이다. 정말 궁금한 내용이 있으면 단어를 유추해서라도 내용을 짐작할 수 있게 된다. 동영상은 멈추면서 들을 수 있다. 코세라에서 제공되는 강의도 마찬가지다. 또 특정 분야에서 쓰이는 단어들은 생각보다 많지 않다. 조금만 관심을 갖고 공부를 시작하면 바로 그 범위를 이해하게 된다. 반드시 알아야겠다는 절실함과 궁금함으로 접근하면 배움의 방식과 능률이 완전히 달라진다. 그때는 영어 공부와 관련된 세상 여러 사람의 조언은 전혀 궁금하지도 않고 도움이 되지 않는다. 그런 조언은 직접 상황에 뛰어들지 못하고 주변을 서성거리는 사람들이나 구하는 것이다.

이런 방식으로 공부를 하게 되자 텍스트에 대한 해석 능력도 몰라보게 발전했다. 영어 원서를 보는 심적 부담감이 확연히 감소된 것이다. 이 책을 쓰는 과정에서도 아마존에서 구한 영어 원서들을 참조하고 있다. 이렇게 자료를 획득하는 소스가 확장이 되면 그것이 곧 강의 능력을 확장시키게 된다. 피곤하겠지만 오랫동안 강의를 할 사람들은 영어의 벽을 넘어서지 않으면 안 된다.

연습만이 완벽함을 만든다

이야깃거리가 정해졌으면 기회가 날 때마다 이 주제로 이야기를 하고
다녀야 한다. 그러면서 사람들의 반응을 살펴야 한다. 두 사람이 모인
곳에서도 그 이야기를 해보고 10명이 모인 자리에서도 그 이야기를 해
보는 것이다. 미국에서는 강사가 되기를 원하는 많은 사람들이 최초로
본인의 강의 스킬을 다듬는 곳으로 토스트마스터 클럽(Toastmasters
Club)을 활용한다. 토스트마스터 클럽은 커뮤니케이션과 리더십 스킬을
향상시키기 위해 만들어진 비영리기관이다. 135개 국가에 1만 5,400개
의 클럽이 있으며 전 세계 약 33만 2,000명의 회원이 있다. 사람들은 이
곳에 모여 돌아가면서 발표하고 서로 코치해주면서 대중 앞에서 말하
는 훈련을 해 나간다. 우리나라에도 지역별로 클럽이 운영되고 있는데
단 영어로 진행을 한다는 것이 이 글을 읽는 모든 분에게 추천하기 어려
운 대목이다. 그렇지만 이런 유사한 형태의 모임은 사실 곳곳에 널려 있
다. 바로 찾을 수 없다면 뜻을 같이 하는 몇 명이 만들어도 좋다. 운영 방
법은 간단하다. 리더가 그 날의 주제를 발표하고 회원들은 아주 짧은 즉
흥 연설을 돌아가며 한다. 두 번째 세션에서는 미리 준비한 강사가 10여
분 내외의 발표를 하고 이에 대해 역할을 맡은 회원이 문법, 자세, 내용,
불필요한 동작과 언어 습관 등에 대해 지적해주는 방식으로 진행하며

얼마든지 상황에 따라 응용이 가능하다. 이렇게 자기의 강의 주제 스킬을 다듬어가는 과정이 필요하다.

◇◇◇◇◇◇◇
강의 노트
◇◇◇◇◇◇◇

- 상대적으로 부담이 적은 공무원 교육기관, 청소년 문화센터, 비영리법인 등을 대상으로 강의의 경험을 쌓는다.
- 가장 실질적인 마케팅은 어디에서라도 강의 기회가 주어졌을 때 전심전력을 다하는 것이다.
- 강사의 차별성과 강의 품질은 좋은 자료에서 나온다.
- 좋은 자료를 만들기 위하여
  - ① 각종 통계 자료를 보고
  - ② 직접 조사해야 하며
  - ③ 수집한 자료를 융합하며
  - ④ 해외의 온라인 교육 자료들을 적극 활용해야 한다.
- 차별화된 자료를 만들기 위하여 영어 자료에 친숙해져야 한다.
- 실전과도 같은 치열한 연습만이 완벽함을 만든다.

03

교육회사에서 출발하는 방법

40대 전후라면 교육회사로 들어가 경험을 해보는 것도 좋다. 나이가 더 많다고 교육회사와 관계를 맺지 못하는 것은 아니다. 네크워킹 강사로서도 얼마든지 긴밀한 관계를 맺을 수 있다. 다만 일단 소속이 되면 다른 회사와 동시에 일을 한다거나 개인적인 강의는 받을 수 없다. 회사는 적정 강의 시간을 분배해주고 강사는 회사의 목표 달성을 위해 같이 협력하는 관계가 되는 것이다.

현재 기업 재교육 시장은 공조직을 포함하여 약 2조 원 가량의 규모라고 파악되고 있으나, 정확한 통계가 있는 것은 아니다. 이런저런 단서를 통해 추정할 뿐이다. 교육회사는 전국에 산재해 있는데 아무래도 대도시에 집중되어 있다. 교육회사를 설립하는 데도 어떤 진입 장벽이 있는 게 아니어서 수없이 많은 회사들이 생겼다 사라지고는 한다. 서울에만 대체로 100여 개 업체가 영업을 하고 있다. 매출 규모로 봤을 때는 한국생산성본부, 능률협회, 엑스퍼트컨설팅, PSI컨설팅 등이 큰 업체에 속한다. 이렇게 큰 업체라고 미리 겁먹을 것은 없고 다양한 형태로 강사들과 협력을 해 나가는 곳이니 직접 찾아가서 본인이 궁금한 점들을 알아보는 게 좋다. 한국생산성본부는 강사들의 강의를 연중 개설해놓고 수강생을 접수하는 독특한 형태로 운영하기도 한다.

교육회사들의 운영 방식은, 영업 직원들이 민간 기업이나 공조직에서 수주를 해오면 여기에 적합한 강사들을 파견하면서 중간 마진을 취하는 형태다. 그러다 보니 소수의 직원들이 강사와 프로그램을 공개해두고 중개 역할만 하는 회사도 꽤 많다. 회사마다 특징이 있고 경우에 따라서는 특정 분야만 전문으로 하는 곳도 있으니 열심히 다니며 발품을 팔아야 한다. 물론 이때 정성껏 만든 본인의 프로필을 전달해야 한다. 항상 외모는 단정히 할 것을 잊지 말면서. 강사도 회사를 찾지만 회사 또한 끊임없이 강사를 물색한다. 그러므로 회사를 찾아가 상담하는 것은 일자리를 달라고 구걸하는 상황이 아니다. 교육회사의 주요 자산이 강사이기 때문이다. 젊은 강사일수록 큰 회사에서 경험해보기 바라고 나이가 있을수록 작은 회사와 일하는 것을 권한다. 인터넷의 발달은 오프라인을 기반으로 한 교육회사에도 영향을 주고 있다. 사이버 교육이 많아지는 데다 교육회사를 통해서만 얻을 수 있던 강사 정보를 직접 찾아

볼 수 있게 되었기 때문이다. 교육회사는 강사의 강의 범위와 능력에 대해서 충분한 정보를 갖고 있어야 하고 강사 또한 회사에 자신의 가능성과 한계를 정확히 알려주어야 한다. 이 경계가 모호해지고 회사나 강사나 욕심을 내다 보면 고객사로부터 좋은 평가를 들을 수 없다. 고객사 또한 매번 새로운 회사를 찾고 새롭게 관계를 형성해가는 것보다는 이렇게 검증된 회사와 일하는 것을 좋아한다. 이럴 경우 교육회사에서 고객사 교육 담당자의 실무(사내 보고를 위한 자료 작성 등)를 상당 부분 덜어주기 때문이다.

강사와 교육회사는 한 배를 탄 공동운명체다. 강사에게 가장 이상적인 회사와의 관계는, 본인만의 콘텐츠를 갖고 있는 상태에서 회사가 고객과 연결해주는 것인데, 실상은 그렇지 않다. 고객사의 니즈에 강사가 매번 맞춰야 하는 상황이다. 교육회사와 일하는 강사는 그런 면에서 순발력이 있어야 한다. 또 그렇게 순발력을 발휘하다 보면 강사의 실력도 일취월장하게 된다. 많은 시간을 소화해내야 하기 때문에 기본 체력은 필수다. 정신적으로나 체력적으로나 번아웃(Burn out) 되지 않도록 자기관리를 해야 한다. 교육회사와 일하는 가장 큰 장점 중의 하나는 강력한 레퍼런스를 쌓게 된다는 것이다. 현대나 삼성, 정부 주요기관을 망라하게 되므로 강의한 이력을 적게 되면 화려하기 그지없다. 이는 나중에 홀로 서게 될 경우에도 커다란 자산이 된다.

교육회사에 몸담고 있을 때에는 강의를 잘한다고 해서 급여를 올려주지 않는다. 다만 강의 배정의 기회가 더 자주 올 뿐이다. 다시 말하지만 교육회사에 소속되어 있는 동안은 자기만의 거래처를 발굴하는 일도 있을 수 없고 자기 고유의 콘텐츠만을 고집할 수도 없다. 그러므로 강의를 평생 직업으로 하고자 하는 강사는 언젠가는 교육회사라는 둥지를 떠나 시장에 자기를 내어놓아야 한다. 너무 늦지 않게 말이다.

강사의 몸값

미국의 사례를 잠깐 들어볼까 한다. 이유는 강사 입문과 교육회사의 구조가 우리나라와 거의 동일하게 움직이고 있기 때문이다. 그렇다면 우리 시장도 규모가 훨씬 큰 미국 시장을 좇아갈 가능성이 높다. 1973년에 설립된 미국강사협회(National Speakers Association)에 따르면 강사들의 평균 강의료는 회당 약 4,500~7,000불이 된다고 한다. 한화로 따지자면 회당 500만 원에서 800만 원에 이르는 금액이다. 우리나라 강사들이 보면 놀랄 만한 금액이다. 회당 수만 불을 받는 경우도 허다하다. 회당 2만 불(우리나라 돈으로 2,000만 원이 넘는 돈이다)을 받는 강사에게 그 근거를 묻자 "만일 당신이 운영하는 회사의 영업사원 500명이 모인 자리에서 강연을 했는데, 강연 후 영업사원 모두가 1개 이상의 새로운 영업 방법을 얻었다고 생각해보자. 그들이 강의를 듣고 1만 불짜리 제품 하나씩만 더 팔아도 당신의 회사에는 500만 불의 수입이 발생할 것이다. 이때 2만 불의 강의료가 비싸다고 할 수 있나?"라고 대답했다. 여기에서 미국에서의 강사료 산정 방법과 우리나라의 방법에 약간의 차이가 있는 것을 발견할 수 있다. 미국은 강의를 듣는 사람의 숫자를 고려한다. 사람 수가 많을수록 강의료가 올라가는 방식이다. 합리적이라고 본다. 강사 한 명을 불러서 전 직원이 다 듣게 하는데 소규모 강연료와 같은 비용을 지불해서야 되겠는가. 사실 이 이면에는 상세한 단가 책정 방법이 있다. 미국의 경우는 비용을 지급할 때 강의가 이루어지기 위해 들인 시간을 모두 계산한다. 따라서 강의료는 강사가 강의를 위해 준비한 시간, 강의 장소에 오기까지의 거리 등과 비례한다. 우리나라의 경우는 사람 수와는 상관없이 시간당 계산을 하는 방식이다. 시간당 400만 원을 받는 강사가 있는가 하면 시간당 몇만 원에서 몇십만 원까지 주최 측이 책정한 금액을 받는 게 보통이다. 자기의 몸값을 스스로 책정하고 그 기준이 충족이 안 되면 못하겠다는 강사는 별로 없다. 나 또한 강사를 초청해본 경험도 있지만 초청하는 측의 사정을 대체로 받아들이는 분위기다. 더군다나 공공기관은 강사료 기준이 분명히 있어서 이를 거부하기가 쉽지 않다. 따라서 웬만큼 유명한 강사가 아니고서는 자신의 몸값을 엄격하게 지키기가 쉽지 않다.

교육회사와 일을 할 경우는 시간당 10~15만 원 정도를 받는다. 하루에 5시간짜리 강의를 하게 되면 50~75만 원 정도를 받는 셈이니 적다고 할 수는 없다. 그렇지만 이 금액은 아주 오랫동안 동결된 금액이다. 물론 숙박비와 교통비는 별도로 지불이 된다. 교육회사를 통하지 않고 본인이 직접 강의를 받게 되면 시간당 20~30만 원 정도를 받는다. 시간이 짧은 특강일 경우 1시간에서 2시간 정도의 강의를 하고 50~100만 원 정도를 받게 된다. 이런 정도가 보편적인 강사들의 몸값이다(서비스나 매너강사의 경우는 이보다 대체로 적다. 진입장벽이 매우 낮고 수요보다는 공급이 많다고 생각하는 것 같다). 그러니 대다수 강사들의 수입은 강의 횟수와 절대적인 상관관계가 있다. 이러한 구조를 벗어나기 위해서는 결국 강사는 독립해야 하고 프로그램(워크숍) 형태의 강의에서 특강 형식의 강의로 옮겨 가야 제대로 된 자기 몸값을 받게 된다. 특강 강사가 되면 하루에도 2번 이상의 강의도 소화가 가능하다. 프로그램 강의를 해서는 불가능하다. 더군다나 자료도 가지고 다니지 않으면서 오직 말로만 강의하는 특급 강사들이 있는데 이런 경우가 강사의 이상적인 모습이라고 할 수 있다. 지금은 미국의 특급 강사들도 프레젠테이션 자료를 같이 쓰는 게 일반화되었지만 대체로 최고의 강사들은 오직 마이크 하나 들고 그들의 입담으로만 승부했던 사람들이다.

학위가 오히려 독이 되는 수도 있다

30대 중반에 교육회사로 들어오는 강사들이 있다. 이들은 대기업에서 대리나 과장으로 있으면서 꾸준히 강사가 될 준비를 해온 경우다. 그런 경험을 많이 할 수 있는 부서는 역시 교육부서다. 직원들을 교육하러 오는 강사를 접하면서 강사의 꿈을 키워온 사람들이다. 요즈음은 공공기관에서도 교육부서를 원하는 사람들이 많다. 정년퇴직이 보장이 안 되는 상황에서 평생 할 수 있는 일을 찾다 보니 그런 판단을 하게 되는 것이다. 이들은 사내강사의 경험도 같이 갖고 있기 때문에 강단에 서는 것에도 이미 익숙하다. 그렇지만 이렇게 일찍 나오게 될 경우 강의 대상에 한계를 느끼기도 한다. 신입사원이나 대리 등의 교육에는 적합하지만 그 이상의 직급에는 투입되기 어렵다. 대리나 과장밖에 경험하지 못했는데 부장이나 임원을 상대로 교육을 하기에는 아무래도 부담이 있다. 물론 강의가 본인의 경험과 100퍼센트 맞아 떨어져야 하는 것만은 아니다. 체계화된 프로그램이 있어 그것을 전달하는 경우도 있고 앞에서 소개한 모더레이터의 역할로 갈 수도 있기 때문이다. 특히 외국의 프로그램은 매우 체계적이어서 개인의 의견이 개입될 여지가 그리 크지 않다. 리더십 강의라면 이미 그에 필요한 모든 준비사항, 멘트, 준비물, 진행요령 등이 매뉴얼로 상세히 정해져 있다.

이런 한계에 부딪힌 강사들이 택하는 것이 학위를 받는 일이다. 강사로 입문한 사람들은 거의 모두 석사 과정에 다닌다. 또 많은 강사들이 박사 학위에 도전하기도 한다. 특히 고령화가 급속히 진행되는 요즈음은 더욱 그렇다. 학위를 받는다고 해서 강사 세계에서의 대우가 달라지지는 않는다. 물론 학위를 받으면 대중 앞에서 스스로 자신감을 갖게 될 것임은 틀림없다. 또 이렇게 공부하는 가운데 강의의 콘텐츠도 더 탄탄해질 것이다. 강의를 하게 된다는 것은 이렇게 끊임없는 자기계발의 동기를 부여한다. 일반 기업체를 대상으로 하는 강의에 학위 논문 내용이 필요하진 않다. 그런 게 필요하다면 교수를 부르지 일반 강사를 부를 필요가 없다. 그런 까닭에 학위를 받은 이후 오히려 강의를 못하게 되었다는 소리를 듣는 경우도 있다. 자기도 모르게 지나치게 아카데믹해지는 것이다.

만일 어떤 강사가 '사고의 전환'이란 말을 사용해 강의를 했다고 하자. 이 말이 너무 식상하기 때문에 '패러다임 쉬프트'라는 말로 대체하기로 했다. 그러나 이 단어 역시 유행하기 시작하여 1년 정도가 지나면 강사는 이 '패러다임 쉬프트'라는 표현에 스스로 식상함을 느낀다. 또다시 보다 새로운 단어가 없을까를 생각하게 되고 새로운 용어를 찾기 시작한다. 강사로서 앞서가야 하기 때문이다. 그렇지만 강의를 듣는 일반인 중에는 이런 용어를 들어본 적도 없는 사람들이 종종 있다. 강의를 청중의 눈높이에 제대로 맞추었느냐가 성패를 좌우하는 것인데, 강사가 지나치게 아카데믹해지면 강의를 자기의 눈높이에 맞추게 된다. 강사를 일컬어 '지식소매상'이라 부르는 사람도 있다. 최종 소비자에게 지식을 전달하는 사람이라는 말이다. 논문을 쓰는 과정은 도매상 이전에 제품을 만들 원료를 다루는 단계라고 비유할 수 있을까? 연구실에서 실험을 하던 사람이 실험실에서 나와 상품을 쓰는 최종 소비자에게 영업을 하는 것과 같은 개념이다. 비즈니스 영역에서 일할 사람이라면 MBA를 가야 하는 것이고 교수가 될 사람은 대학원과 박사 과정을 거치는 것처럼 강사는 실질적인 지식과 방법을 전수하는 영역에서 일하는 것이기 때문에 학위 과정이 꼭 필요한 것은 아니다. 그러므로 강사가 박사 학위를 받았다고 해서 사회의 시선이 갑자기 달라지는 것은 아니다. 그렇지만 지금도 바쁜 강의 일정 중에 학위 과정을 이수하고 있는 많은 강사들에게 경의를 표한다. 그러한 노력을 기울이는 일이 얼마나 힘든 일인지 잘 알고 있기 때문이다.

확실한 것은 이 모든 공부가 이제껏 살아오던 방식의 연장인 '보여주기 위한 공부'가 되어서는 안 된다는 것이다. 누구의 말처럼 언제까지 배우기만 할 것인가? 어느 시점에서는 나의 목소리, 나의 삶의 방식을 가져야 하는 것 아닌가? 법륜 스님의 강의를 들으면서 느낀 것 중의 하나가 그런 것이다. 스님은 강의 중에 남의 이야기나 남의 이론을 인용하는 경우가 거의 없다. 물론 스님의 내공 또한 경전과 수많은 책을 통해 쌓인 것이겠지만 그것을 그저 인용하는 것이 아니라 내 것으로 만들어 나의 목소리로 내고 있는 것이다. 강사가 가야 할 길도 마찬가지라고 생각한다. 이 책을 준비하면서도 세계적으로 유명하다는 사람의 강의는 거의 다 훑어 봤다. 비록 세상에 이미 존재했던 이야기일지라도 자기화하지 않으면 생명력이 없다. 강사는 결국 자기 공부를 해야 한다.

컴포트존에서 뛰어내려라

강사의 최고 공부 방법은 책을 쓰는 일이다. 이 일은 자기계발도 되는 동시에 강사의 몸값을 높여주는 가장 좋은 방법이기도 하다. 또 강사처럼 책을 쓰기 좋은 조건과 환경에 있는 사람도 드물다. 책을 쓰게 되면 내가 알고 있는 모든 지식이 체계가 잡히고 정확해진다. 강의를 하기 위해서도 어느 정도 이런 과정을 거쳤겠지만 책을 쓰게 되면 훨씬 더 정교하고 치밀하게 자기의 지식을 다듬을 수밖에 없다. 책이란 속성이 단어 하나 허투루 쓸 수가 없기 때문이다. 그렇다고 책을 쓰는 일을 너무 어렵고 두렵게 생각할 이유도 없다. 내가 아는 다작을 하는 작가 중 하나는 직장생활을 하는 동안 매일 A4 2장씩을 쓰는 것으로 시작하여 오늘에 이르렀다고 한다. 책을 쓰는 것은 이렇게 생각을 정리하게도 하지만 책을 쓰기 위해 공부를 독려하게도 만든다. 책을 출판하는 방식이 다양해지고 쉬워지긴 했어도 일반인들은 누군가가 책을 쓴 사람이라고 하면 대단하게 생각한다. 그러니 강의 현장에서 어떤 책의 저자라는 소개는 그 어떤 이력보다 강사를 돋보이게 하는 요소가 된다. 책이 잘 안 팔린다고 하는 요즘, 출판사의 문을 두드려 처음부터 출간 허락을 받아내기는 쉽지 않다. 그건 처음 책을 써보려고 시도하는 사람에게 당연한 과정이다. 65개국 언어로 번역되어 3억 2,500만 권이 팔린《해리포터》의 작가 조앤 롤링(Joan K. Rowling)도 10여 개 출판사로부터 출판 거절을 당했다고 하니 처음부터 환영받지 못했다고 해서 너무 억울해 할 일은 아니다. 이 과정 또한 좋은 경험이 되고 자기를 돌아보는 계기가 된다. 출판사에까지 찾아갈 정도면 본인 나름대로 꽤나 정성을 들인 글일 텐데 이렇게 초반부터 문전박대를 받게 된다는 것은 본인의 생각과 세상 사람들과의 판단 사이에 갭이 있다는 것을 의미하는 것이다. 즉 차별화가 되지 않는 것이고 독창성이 없다는 것이며 흥미가 없다는 것이다. 그러니 다시 시도해보면 될 일이다. 책을 내는 것도 중요하지만 읽히는 책이 되어야 하지 않겠는가. 나도 이번에 이 책을 쓰면서 근 10년 내에 일어난 강의 시장의 변화를 다시 살펴보게 되었다. 그리고 미국 선진 시장에서의 흐름도 처음으로 들여다보게 되었다. 덕분에 나에겐 독창적인 강의 소재가 덤으로 생긴 셈이다.

익숙한 것과 결별하는 강사가 되어야 한다. 강사마다 자기가 편안함을 느끼는 것들을 가지고 있다. 그것은 강의 주제가 될 수도 있고 강의 중 자주 쓰는 게임이 될 수도 있고 예화가 될 수도 있다. 소위 컴포트존(Comfort zone)이라고 부르는 것이다. 강사들 사이에서 '필살기'라고 부르기도 하는 이것은, 그런 주제와 방식으로 강의를 하면 언제 어디서라도 높은 피드백을 받을 수 있다고 생각하는 자신감 있는 영역을 말한다. 그렇지만 여기에 안주하고 머물다 보면 강사는 단 한발도 앞으로 나갈 수가 없다. 주기적으로 이 컴포트존에서 내려와야 한다. '세상을 바꾸는 시간, 15분'라는 강의 프로그램에 여러 번 초대되었던 인기 강사의 이야기다. 여러 번 출연하다 보니 앞의 강의와 일부 겹쳤다는 지적을 받은 모양이다. 대부분의 강사들이 이런 신경을 쓰는 경우는 많지 않다. 매번 대상이 바뀌기 때문이다. 그렇지만 궁극적으로 자기에게 발전이 없다. 잘하는 영역을 버리고 새로운 시도를 하는 것은 신제품을 시장에 내놓는 것만큼이나 쉽지 않은 일이다. 오프닝을 "오늘 주제와 관련하여 어떤 내용을 듣고 싶으세요?"라는 질문으로 강의를 시작하는 강사가 있었다. 그 질문을 시작으로 피교육생들과 일종의 아이스 브레이킹도 하고 자연스럽게 강의를 시작하는 자기만의 방식이었던 것이다. 그런데 교육을 연결해준 직원이 사전에 주의를 주더라는 것이다. "이 회사의 교육 담당자가 제일 싫어하는 강사 스타일이 있습니다. 그것은 시작할 때 '오늘 무엇을 배우고 싶습니까?'라는 종류의 질문을 하는 거예요. 직원들은 이런 질문을 받으면 강사가 자기가 할 강의의 목적을 분명히 가지고 있지 않다는 뜻으로 해석해요"라고. 물론 이 강사의 방식이 그런지 아닌지 모르는 상태에서 해준 말이었다. 이 말을 들은 강사는 매우 당황했다고 한다. 결국은 이렇게 저렇게 우회해서 결국은 자신의 스타일대로 강의를 시작했다고 하지만, 그만큼 자기의 익숙한 영역에서 내려오는 것이 쉽지 않다. 모든 것을 한 번에 다 바꾸기는 쉽지 않을 것이다. 조금씩이라도 새로운 것을 시도해봐야만 한다. 그런 방식으로 자료도 늘 업데이트해 나가야 한다.

때론 수강생이 되어야 한다

음식점을 운영하는 사람들이 흔히 빠지는 딜레마가 있다고 한다. 그것은 자기 집 일이 바빠 남의 음식점 구경을 가볼 기회가 없다는 것이다. 가끔은 음식점 주인도 새롭게 뜨는 맛집 순회를 해야 한다. 바쁘게 강의하다 보면 남들이 어떻게 강의하는지를 전혀 볼 기회가 없다. 마찬가지로 강의의 흐름이 어떻게 변해가는지도 알지 못한다. 자신이 현재 잘나가고 있다고 해서 계속 그 흐름 속에 있을 것이라 생각하면 착각이다. 어느 순간 "아 저 강사는 저게 다야"라는 평가를 받게 된다. 국내에도 얼마나 좋은 강의가 많은가. 최근에 권할 만한 것으로 재단법인 '플라톤 아카데미'에서 진행되는 강의를 들 수 있다. 플라톤 아카데미는 국내 최초의 인문학 지원 재단으로써, 인간 정신의 보편적 발전과 인격의 탁월함을 추구하는 '성찰의 인문학'을 심화하고 확산하는 목적으로 2010년에 설립되었다. 여기에서는 인문학자와 인문학 연구를 지원하고 있으며 다양한 인문학 강의를 통하여 인문학을 보급하고 있다. 물론 출연하는 강사들의 대부분이 학자나 교수들이어서 일반 강사들이 지향하는 바와는 분위기가 다를 수 있지만, 좋은 강의는 어떤 것이어야 하는지 요즘 사람들이 어떤 내용에 흥미 있어 하는지 등을 살펴보는 데 도움이 된다.

　비슷한 분위기로 네이버에서 제공하는 '열린 연단'이 있다. 분야별로 대표되는 학자들이 거의 전 분야에 망라하여 통찰력 있는 지식과 지혜를 전해준다. 강의의 방법론보다는 자기가 강의하고자 하는 주제와 관련하여 트렌드와 쟁점 등을 체크하기에 좋은 프로그램이다. CBS의 '세상을 바꾸는 시간 15분'을 통해서도 강의 트렌드와 기법을 익힐 수 있다.

　질 높은 정보는 인터넷에 떠돌지 않는다. 돈을 주고 사야 얻을 수 있는 정보도 있다. 가끔은 유료 강의를 듣는 게 필요하다. 무료 강의는 무료 강의의 특징이 있고 유료 강의는 유료 강의의 가치가 있다. 여기서 특정 업체명을 거론하진 않겠지만 강사들을 위한 강의가 여기저기서 개설되고 있다. 그런 곳에서 효율적인 강의를 위한 다양한 툴을 배울 수 있다. 새로운 교육 프로그램을 소개하는 곳들도 있다. 새로운 소재에 목말라 하는 강사들이 많다는 증거다. 나는 한동안 게임을 이용한 성인교육과 관련된 강좌를 찾아다닌 적이 있다. 계속해서 배우지 않고 버틸 수 있는 직업이 있는가? 강사의 세계에서는 나이가 들었다고 퇴출되는 것이 아니다. 배움을 멈추는 순간 퇴출되는 것이다.

강의 노트

- 국내에는 다양한 교육회사들이 있고, 좋은 강사를 상시 모집하고 있으니 자신의 성향과 스타일에 맞는 회사를 선택해 지원을 해보는 것이 좋다.

- 교육회사와 일하는 가장 큰 장점은 강력한 레퍼런스를 쌓는 데 있다.

- 교육회사와 일할 경우 시간당 10~15만 원, 교육회사를 통하지 않고 직접 강의를 하게 될 경우 시간당 20~30만 원 정도를 받는다. 특강의 경우 1~2시간 강의에 50~100만 원 정도를 받을 수 있다.

- 강사에게 학위는 독이 될 수도 있다. 공부의 '자기화' 과정을 거친 강사만이 생명력을 가진다.

- 필살기에 안주하지 않고 끝없이 메시지를 새롭게 정비하는 강사가 되어야 한다. 배움을 멈추는 순간, 강사 세계에서 퇴출되고 만다.

04

강사가 지켜야 할
외적인 품격

이제부터 다양한 강의 기법과 노하우를 배우려고 한다. 구슬이 서 말이라도 꿰어야 보배라는 말이 있듯이 아무리 좋은 콘텐츠를 갖고 있어도 전달하는 방법에 따라서 성패 여부가 갈리기 마련이다. 청중을 움직이는 데는 다음과 같은 공식이 적용된다.

내용 90점 × 방법 70점 = 설득 효과 63점
내용 90점 × 방법 90점 = 설득 효과 81점

내용이 90점짜리라고 해도 방법이 70점짜리이면 63점짜리 강의밖에는 될 수가 없고 90점짜리 강의를 90점짜리 방법으로 전달하더라도 강의 효과는 81점밖에 되지 않는다는 것이다. 그만큼 전달하는 방식이 중요하다는 말이다.

강의는 비주얼에서 시작한다

강의를 시작하기도 전에 당신은 이미 청중들에게 첫 메시지를 전달했다. 청중들은 첫인상으로 당신이 매력적인지, 강의를 할 만한 자격을 갖춘 사람인지를 판단한다. 당신의 비주얼이 자신이 전하고자 하는 강의 내용과 초청해준 집단과 장소에 잘 어울리는가? 오직 강의가 전부라는 생각으로 외모에 신경을 쓰지 않는 것은 프로 강사로서의 마인드가 아니다. 사람들의 판단은 참으로 다양한 곳으로부터 오기 때문이다. '오늘 강사는 패션 감각부터 영 떨어지네'라는 생각이 드는 순간 벌써 팔짱을 끼고 몸을 뒤로 젖히게 될지 모른다. 더군다나 당신의 강의 내용이 성공, 자신감, 건강, 매력 등과 관련되어 있다면 청중들은 강사의 외모를 보면서 언행이 일치하지 않는 사람으로 판단하려 할지도 모른다.

프로 강사라면 자신이 강의하는 내용이 이미 한물간 내용이라든지 자료가 이미 시효를 다한 것이라는 평가를 받고 싶어 하지는 않을 것이다. 그러면서도 자신의 외모나 스타일에 대해서는 그런 기준을 적용하지 않는 경우가 많다. 앞뒤가 맞지 않는 이야기다. 변화하는 세상을 따라가라 하면서 자신은 유행이 한참 지난 복장을 하고 있다면 역시 강의에 대한 설득력도 떨어지게 된다. 강의 전 혹은 평소에 체크할 사항들이다.

① 옷이나 구두가 잘 손질되어 있는가?

최신 유행하는 비싼 브랜드의 옷을 갖춰 입어야 한다는 뜻은 아니다. 서양에서는 '현재(Current)'와 '유행(Trendy)'을 구별하여 이야기한다. 오래되지 않은 옷이어야 하지만 지금 유행하는 옷일 필요는 없다는 것이다. 강사들은 유행을 타지 않는 정통적인 스타일의 옷을 선호한다. 또 그런 옷이 무난하다. 단지 깨끗하고 손질되어 있는 상태여야 한다. 먼 길을 운전하고 가야 할 상황이라면 강의에 입을 옷을 따로 가져가 근처에서 갈아입는 성의도 필요하다. 구두는 깨끗이 닦아두어야 한다.《밥 파이크의 창의적 교수법(Creative Training Techniques Handbook)》의 저자 밥 파이크(Bob Pike)는 '강사로서의 위치를 유지하려면 가장 옷을 잘 입은 참가자들보다 한 단계 더 잘 입어야 한다고 생각한다'고 했다. 신발의 관리 상태로 사람을 평가하는 사람들도 의외로 많다. 삼성의 이병철 회장은 면접에서 아주 마음에 드는 사원을 발견했다. 그렇지만 면접을 마치고 돌아서 나가는 순간 불합격을 시켰다. 이유는 구두 뒤축에 흙이 잔뜩 묻어 있었기 때문인데, '이렇게 중요한 자리에 오면서 자신의 외관을 한 번 신경 써 돌아보지 않았다'는 것이 이유였다. 사람들은 누군가의 이야기를 듣기 전에 첫인상으로 판단을 한다. 이 첫인상을 바꾸는 데 수십 번의 만남이 다시 필요하다는 통계도 있다.

② 헤어스타일은 잘 관리되어 있는가?

외모에서 헤어스타일이 차지하는 비중이 70퍼센트에 달한다는 주장
도 있다. 그만큼 헤어스타일이 외모에서 차지하는 비중이 크다. 그러
니 많은 사람들이 머리숱이 적어지는 것에 대해 그렇게 고민하는 것
아닌가. 강의 중에는 강사의 얼굴을 주로 보게 되는데 머리 모양이 신
경 쓰이면 역시 내용에서도 멀어진다. 여성 강사의 경우는 더욱 신경
을 써야 할 부분이다.

③ 뒷모습은 문제가 없는가?

강의 전 거울이 있는 곳에 서서 자신의 앞뒤 모습을 동시에 살펴봐야
한다. 가끔은 엉덩이 부분 와이셔츠가 벨트 밖으로 나와 있기도 하고
심지어는 양복이 벨트 안으로 들어가 있는 경우도 보았다.

④ 자신의 체형과 맞지 않는 옷을 입지는 않았는가?

목이 잠기지 않는 와이셔츠, 단추를 겨우 채운 듯한 바지 등 살이 찌
기 전에 입던 옷을 입는 것은 보는 사람을 불편하게 하고, 나아가 전
혀 관리가 되지 않은 몸매도 강사의 신뢰와 격을 떨어뜨린다. 다이어
트로 살을 빼고 난 후에도 예전에 입던 헐렁한 양복과 와이셔츠를 입
는 것도 마찬가지다.

⑤ 타인의 평가와 조언을 민감하게 받아들이고 있는가?

남들의 외모나 패션을 지적할 때는 '누가 봐주는 사람도 없나?' 생각하면서, 자신은 남들의 평가나 조언을 잘 새겨듣고 있는지 생각해봐야 한다. 사람들은 자신에 대해서는 객관적으로 판단하기가 어렵기 때문이다. 평소 직언이 가능한 누군가의 조언을 자주 참조하는 것이 좋다.

⑥ 강의 외의 공간에서 너무 풀어져 있지는 않은가?

하루 이상 강의가 진행될 경우, 아침 식사 시간이나 저녁 식사 시간에 지나치게 긴장을 푼 채로 세면도 하지 않고 식당에 나타나거나 눈살을 찌푸리게 하는 복장으로 연수원 주변을 산책하는 경우가 있다. 이때도 강사는 강사의 이미지에 신경을 써야 한다. 강의를 듣는 사람들, 교육 담당자들이 보고 있기 때문이다. 집에서 출발하여 강의를 마치고 집에 도착하는 순간까지 강의의 연장으로 생각해야 한다.

외모는 타고난 것이지만 관리는 각자의 몫이다. 당신의 태도와 에너지는 강의 내용과 더불어 고스란히 청중에게 전달이 된다. 강의를 오래 한 사람일수록 강의 내용에 신경을 쓸 뿐 외모에 소홀한 경향이 있다고 한다. 그들이 처음 강의를 시작할 때 따라 했던 복장을 고수한다는 통계도 있다. 강의를 오래 한 사람과 늦은 나이에 시작한 사람의 경우일수록 스타일이 강사의 인기에 미치는 영향이 크다고 한다. 강의의 중요성만

염두에 두고 있던 독자라면 이 부분을 결코 가볍게 여기지 말아야 한다. 강의는 무대에 올려진 하나의 퍼포먼스이기 때문이다.

◇◇◇◇◇◇◇
강의 노트
◇◇◇◇◇◇◇

- 강의는 비주얼에서 시작한다. 강의에 방해가 되지 않는 깔끔한 첫 인상을 남기도록 노력해야 한다.

05

비즈니스 오너로서의
체크리스트

그렇다면 강사라는 직업을 사업적인 측면에서 생각해보기로 하자. 모든 강사는 비즈니스 차원에서 강약점을 가진다. 강의는 잘하지만 네트워킹이나 세일즈 능력이 없다든지, 반대로 네트워킹이나 세일즈 능력은 있지만 한 번의 강의 의뢰 이후 후속 연결이 되지 않는다든지 개인마다 스타일은 천차만별이다. 만일 강사라는 직업을 사업이라는 큰 틀에서 생각해보면, 강의를 하고 있지 않은 순간에도 어디에선가 수익을 창출할 수 있는 구조를 만들어낼 수 있지 않을까? 강사는 정기적으로 이러한 요소들을 점검하고 보완할 필요가 있다. 농부들이 1년 농사를 돌아보고 새해 농사계획을 세우듯 강사도 자신의 사업을 점검한 뒤에야 내년 혹은 그 이후를 성공적으로 맞을 수 있다.

다음의 체크리스트를 소개한다. 표1은 프로 강사를 위해 미국의 강사협회(National Speaker Association)가 1985년에 만든 것으로, 4E라고 부르기도 한다. 강의 영역(Eloquence), 전문성 영역(Expertise), 사업 영역(Enterprise), 윤리 영역(Ethics)으로 자신의 상태를 점검할 수 있다.

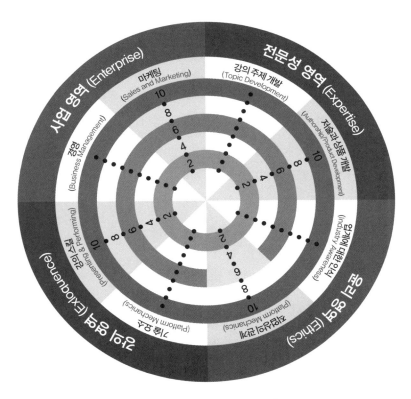

〈프로 강사를 위한 4E 체크리스트〉

강의 영역은 다시 강의의 기술적인 부분(Platform Mechanics)과 강의 스킬(Presenting & Performing) 분야로 나뉘고 사업 영역은 경영(Business Management)과 마케팅(Sales and Marketing) 분야로 나뉜다. 전문성 영역은 강의 주제의 개발(Topic Development)과 저술 및 상품 개발(Authorship/Product Development) 영역으로 나뉜다. 윤리 영역은 업계에 대한 인식(Industry Awareness)와 직업상의 관계(Professional Relationship) 영역으로 나뉜다.

모든 영역은 1에서 10점까지의 점수로 구성되어 있다. 강의를 진행하게 된다면 8개의 항목에 자신의 점수를 매겨보자. 그리고 각 점수를 선으로 연결시켜 전체의 모양을 체크해보자. 강사라는 직업을 사업 개념으로 확장시켰을 때, 본인이 무엇에 강점이 있고 무엇이 부족한지를 한눈에 파악할 수 있을 것이다. 장점은 계속 유지하도록 해야 할 것이고 약점은 보완하도록 해야 한다. 정기적으로 체크해본다면 본인의 사업을 제대로 꾸려 나가는 데 큰 도움을 받을 수 있을 것이다.

비즈니스 강사로서의 평가 항목 8가지

4E의 올바른 평가를 위하여 각 요소가 의미하는 바를 세부적으로 살펴볼 필요가 있다.

① 강의 영역 중 기술 분야(Platform Mechanics)

강사는 강의 현장에서 사용하는 도구들을 기술적으로 다룰 수 있어야 한다. 강사에 따라서 무대 연출을 해야 하는 경우도 있는데, 이때 조명이라든가 음향, 기타 무대장치 등을 잘 파악하고 있어야 한다. 일반적인 강사들도 본인의 자료를 시연해야 할 컴퓨터를 제대로 다룰 수 있어야 한다. 따라서 예기치 못한 기기상의 오류가 생기더라도 이에 잘 대처할 수 있어야 한다. 설령 현장에 전문가가 있다고 하더라도 자신이 평소에 다루던 기기에 대해서는 전문가도 잘 모르는 경우가 있다. 어떠한 종류의 문제이든 일단 문제가 발생하면 모든 책임은 강사가 질 수밖에 없다. 요즘에는 현장에서 인터넷을 연결하여 강의를 하는 경우도 있고 위성을 통해 다른 사무실과 화상으로 워크숍을 진행할 수도 있다. 발전하는 IT 기술을 적극적으로 활용하는 것도 강사의 일이다.

② **강의 영역 중 스킬 분야**(Presentation & Performing)
청중을 강사가 원하는 대로 이끌어 가는 방법에 대해 아는 능력을 말한다. 그러기 위해서는 이야기와 유머의 사용을 개발해야 하고, 메시지를 효과적으로 전달하는 방법을 연구해야 하며 최근 커뮤니케이션의 콘셉트 등을 알아야 한다. 심리학은 물론 성인교육법에 대한 새로운 이론들도 익혀야 한다. 자기가 하고 있는 강의 분야와 관련된 최근의 트렌드를 늘 꿰고 있어야 함은 물론이다.

③ 사업 영역 중 경영 분야(Business Management)

강의 비즈니스와 관련하여 사업자 등록, 운영, 세금, 계약 등에 관해 아는 능력을 말한다. 강사들은 한두 번씩 새로운 형태의 비즈니스, 대개는 창업을 시도해보곤 한다. 이때 많은 강사들이 경영 혹은 조직의 관리라는 부분에 대해서는 무관심하거나 아주 무능력한 모습을 보이는 경우가 많다. 이런 부분에 자신이 없다면 사업적 접근은 피하는 것이 좋다. 1인 자영업 형태로 사업자등록을 하고 움직일 경우에도 세무신고, 절세 등의 방법에 대해서는 알고 있어야 한다.

④ 사업 영역 중 마케팅 분야(Sales and Marketing)

한마디로 본인의 강의 시장을 넓히는 방법에 대해 아는 능력을 말한다. 가장 현실적인 부분이다. 시간이 날 때마다 교육회사를 방문하고 가능성 있는 거래처의 사람들과 교류하며 다양한 방법을 통해서 자신을 알려야 한다. 시장을 가보면, 자기 가게에 손님을 들이기 위해 상인들은 최대한 적극적인 마케팅 활동을 한다. 큰 회사들은 어떤가? 생각지도 못한 마케팅 수단을 동원하여 광고와 판촉 활동을 한다. 강사라고 해서 나무에서 과일이 떨어지기만을 기다릴 수는 없다.

⑤ 전문성 영역 중 강의 주제 개발 분야(Topic Development)

본인에게 가치 있는 주제를 선택하고 이를 발전시키는 것에 대해 아는 능력을 말한다. 본인의 목적과 흥미와 재능이 있는 주제를 선택하고 이를 청중에 적합하게 만드는 일, 강의 내용과 관련하여 각종 자료를 찾고 보완하는 일, 이런 일련의 활동을 통하여 본인의 주제에 대해서 누구도 추종하지 못할 전문가가 되는 것을 말한다.

⑥ 전문성 영역 중 저술과 상품 개발 분야(Authorship /Product Development)
강의의 메시지를 다양한 대상에게 다양한 방법으로 전달하는 방법에 대해 아는 능력을 말한다. 여기에는 책을 쓰는 것부터 블로그, SNS 활동 등이 포함될 수 있겠다. 요즈음은 팟캐스트나 '아프리카TV'를 이용하여 강의를 하기도 한다. 유튜브도 많은 사람들이 자신을 알리는 도구로 사용하고 있는 수단 중 하나다. 강의 시장이 10년 안에 얼마나 빨리 변화했는지 언급했는데, 그런 모든 변화는 IT의 발전과 관련이 있다. 이런 흐름을 놓치지 말아야 한다.

⑦ 윤리 영역 중 업계에 대한 인식 분야(Professional Awareness)
강사의 직업을 의식하고 강의 산업에 대해 아는 능력을 말한다. 이는 민간기업이나 공공기관의 교육이 어떻게 변화해가고 있는지 이러한 변화가 강사에겐 어떤 영향을 미치고 있는지 등에 대해 이해하는 것이다. 아울러 이러한 변화와 발전에 보조를 맞추는 것을 말한다.

⑧ 윤리 영역 중 직업상의 관계 분야(Professional Relationship)
강사의 직업과 관련된 분야의 고객, 동료, 거래처 등의 관심과 필요,

이슈 등에 대해 아는 능력을 말한다. 지속적인 접촉을 통하여 고객의 니즈를 늘 살펴야 한다.

◇◇◇◇◇◇◇
강의 노트
◇◇◇◇◇◇◇

- 비즈니스 오너로서 강의 외에도 꾸준히 수익을 창출할 수 있는 구조를 만들기 위해 노력해야 한다.
- 강의 영역에서의 기술과 스킬, 사업 영역에서의 경영과 마케팅, 전문성 영역에서의 주제와 상품 개발, 윤리 영역에서의 업계에 대한 인식 및 직업상의 관계 등에 밝은 강사가 되어야 '사업으로서의 강사 생활'을 잘 꾸려 나갈 수 있을 것이다.

Part 3

억대 연봉 프로강사의
실전 전략

01

강의를
멋지게 시작하는 법

먼저 무대에 오르기 전의 상황부터 살펴보기로 하자. 처음 만나는 조직과 처음 만나는 대상에 강의를 한다는 것은 경험이 많은 강사에게조차 긴장되는 일이다. 세계적인 발레리나 강수진이 이런 말을 한 적이 있다. "어느 공연이든 약간의 떨림은 있어야 해요. 떨림이 없으면 그것도 공연에 안 좋아요. 그러나 너무 떨면 실수가 많고, 너무 편하게도 해서는 안 되고. 조절을 잘해야 해요." 긴장이 완전히 해소되는 경지가 좋은 것만이 아니다. 긴장을 하되 그것에 압도되지만 않으면 된다. 지나친 긴장을 해소하기 위해서는 다른 종류의 마인드 세팅을 해야 한다. 초점을 당신과 당신의 강의 내용에 맞추는 것이 아니라 강의할 대상을 생각하는 것이다. 당신은 오늘 그들에게 무언가를 주러 온 것이다. 그들이 당신의 강의를 듣고 자리를 떠날 때 무언가 가져가는 것이 있어야 한다. 당신이 아닌 청중에게 집중함으로써 자신의 상태는 잠시 잊어버릴 수 있다. 강의에 앞서 주최 측 사람들과 이야기를 나누는 것도 필요한 과정이다. 이때 회사의 상황이나 이슈 등을 물어보고 강의 시작 때 그것을 시작의 단초로 사용하는 것도 좋은 방법이다.

어색함을 깨는 시간이 필요하다

오프닝을 자연스럽게 효과적으로 시작할 수 있으면 이미 능숙한 프로 강사가 되었다고 할 수 있다. 강의를 시작하는 순간이 가장 어색하기도 하고 긴장되는 순간인데 이를 자연스럽게 풀어갈 수 있다면 이미 베테랑이 된 것이다. 그 순간을 자연스럽게 풀어가기가 어려운 것은 편안한 미소를 짓기가 쉽지 않기 때문이다. 강사 스스로 편안한 미소를 지으면 청중들 또한 편안한 미소를 짓는다. 강사가 긴장하거나 어색해하면 청중도 그렇게 된다. 이러한 상태를 해소하는 것을 '아이스 브레이킹(Ice Breaking)'이라고 한다. 얼음같이 냉랭한 상태를 깨뜨린다는 뜻이다. 1~2시간의 강의건 2~3일을 진행하는 강의건 시작할 때는 이 과정이 반드시 필요하다. 우리는 모든 만남에서 이 기술을 사용한다. 2015년 8월에 긴급하게 열린 판문점 남북고위급회담도 부드러운 덕담으로 시작이 되었고, 여야 대표가 만나 첨예한 논쟁을 시작할 때도 마찬가지다. 상대에게 마음이 먼저 열려야 그 사람의 이야기도 받아들일 수 있다.

　얼마 전 부산에 강의를 갔다. 대상은 이미 발령을 받은 예비 교장 선생님들이었다. 3일간의 과정 중 마지막 날이었고 내 강의가 3시에서 5시까지여서 내 강의가 끝나면 전체 과정이 끝나게 되는 상황이었다. 나는 가벼운 이야기로 강의를 시작했다.

　"한 교장 선생님이 퇴임을 하신 후 대학엘 다시 진학하셨답니다. 어려서부터 너무도 하고 싶던 미술 공부를 하고 싶어서였습니다. 어느 날 한 제자가 선생님이 다니는 학교로 찾아갔다고 합니다. 만나기로 한 장소에서 보니 멀리서 선생님께서 너무도 환한 미소를 지으며 달려오시더라는 겁니다. 그래서 제자가 물었습니다. '아이고 선생님, 너무도 즐거워 보이십니다. 하시고 싶던 공부를 하시니 그렇게 좋으십니까?' 그러자 선생님께서는 '아냐, 아냐, 그래서 그런 게 아니고, 오늘 수업 휴강이야'라고 대답하셨다고 합니다."

　이 유머를 들은 교장 선생님들이 크게들 웃었다. 이어서 "아무리 공부가 좋아서 학교엘 다시 들어가도 휴강보다 기쁜 일이 없는 모양입니다. 오늘 저의 강의가 마지막 일정이니 조금 일찍 끝내드리도록 하겠습니다"라고 말하자 전원이 박수를 치며 환호했다. 수업은 예정된 시간보다 5분 정도밖에 일찍 끝나지 않았지만 그걸 신경 쓰는 사람은 아무도 없었다.

　강의는 청중이 공감할 수 있는 이야기로 시작하는 것이 좋다. 내가 이 조직을 잘 알고 있고 대상자들에 대해서 이미 잘 파악하고 있다는 인상을 줌으로써 친밀감을 형성하게 된다. 또 잘 준비된 강사의 이미지를 준다.

자기소개는 생각보다 더 중요하다

강의를 시작하기 전 강사를 소개하는 시간이 있다. 보통은 초청한 측에서 소개하는 경우가 많은데, 상당히 상세한 프로필을 소개하는 경우가 있는가 하면 강사의 이름 정도만 언급하고 강의를 잘 들어주기를 부탁하는 수준으로 그치는 경우도 있다. 모두 사전에 보내준 프로필을 참고로 하여 본인들의 성향대로 소개하는 것이다. 그러다 보면 주요 이력에 대해서 잘못 이야기하거나 다른 이름으로 소개하기도 한다. 강사가 어떻게 소개되느냐는 강사의 이미지를 결정하는 중요한 요소인데 자기소개를 남의 손에 방치해서는 안 된다. 강사 프로필을 사전에 보내긴 했지만 강사 입장에서는 그중 소개를 생략했으면 하는 부분도 있을 것이고 더 강조하고 싶은 부분도 있을 것이다. 그러므로 강사 소개는 가능한 한자기가 직접 하는 것이 좋다. 부득이 주최 측에서 해야 할 경우라면 내가 내 소개를 미리 전달해주는 것도 한 방법이다.

"오늘 강의해주실 김학재 강사님은 현재 ○○○의 대표로 계십니다. 기업과 공공 조직에 '윤리경영'과 '공직자의 청렴'에 대한 주제로 강의하고 계시며, 이 딱딱한 주제를 아주 재미있고 유익하게 전달해주시는 것으로 유명하신 분입니다. 기업에서도 근무하셨고 공공 영역에서도 다양한 경험을 하셨는데 그중에서도 ○○○프로젝트에 참여하신 일이 있어

우리 조직의 상황이나 분위기에 대해서도 아주 잘 이해하고 계십니다. 주요 경력으로는 ○○○, ○○○을 지내셨고 저서로는 자기계발 분야의 《임계점을 넘어라》가 있으며 '직딩들의 지침서'라는 제목으로 오랫동안 신문의 칼럼을 쓰기도 하셨습니다. 우리가 지금 고민하는 문제에 대해 많은 통찰력을 주실 것을 기대하면서, 바쁜 가운데 시간을 내주신 김학재 강사님께 뜨거운 박수를 보내주시기 바랍니다."

이 정도 수준을 기본으로 하여 조직의 분위기나 대상에 따라 가감을 하면 좋을 것 같다. 이러한 가이드를 주지 않으면

"오늘 강의해주실 김학재 대표님은 ○○○학교를 나오셨습니다. 또 ○○○주식회사의 대표, ○○○자문위원, ○○○자문위원, ○○○자문위원 등을 하고 계십니다"와 같은 식으로 소개를 하는 경우가 생긴다. 소개하는 사람의 입장에서는 강사를 멋지게 보이려 소개한 내용일지 몰라도 듣는 사람의 입장에서는 강사가 출세 지향적이며 권위적이며 속물적인 사람이라 판단할 수 있다. 강사의 첫인상을 결정짓는 중요한 순간을 남의 손에 맡겨버릴 수는 없는 노릇이다. 이런 부득이한 경우에 대비하여 설사 남이 소개를 해줬어도 자기소개는 자기 방식으로 다시 한 번 보완하고 시작하는 것이 좋다.

쓸데없는 이야기로 시작을 망치지 마라

시작 단계에서 반드시 놓치지 말아야 할 부분은 이번 강의가 매우 들을

만한 가치가 있다는 확신을 주는 것이다. 초청한 측에 대한 감사의 말씀 등 의례적인 이야기, 강의장에 오기까지의 과정, 회사 전경이나 조직에 대한 느낌 등은 이후 얼마든지 이야기할 기회가 있고, 심지어 이런 이야 기를 청중은 제대로 듣지 않는다는 연구도 있다. 많은 전문가들이 '바로 본론으로 들어가라'는 주장을 하는 이유와 상통한다. 공감할 수 있으면 서도 시의적절한 강력한 유머로 시작할 수 없다면 바로 청중을 집중시 키는 메시지로 시작을 하는 것이 좋다. 유머를 잘하는 사람들이나 코미 디언은 평상시 이를 늘 연습한다고 한다. 새로운 이야기를 이미 검증된 유머나 코미디에 끼워 넣기도 하고 다양한 상황에서 조금씩 시도해보는 것이다. 마찬가지로 효과적인 오프닝 방법도 계속 연구하고 시도해봐야 한다. 아무 생각 없이 횡설수설 인사로 시작을 하는 것은 최악이다.

다양한 아이스 브레이킹으로 닫힌 마음을 열어라

프로그램(워크숍) 강의에서는 강사와 피교육생 간의 아이스 브레이킹도 중요하지만 피교육생 간의 아이스 브레이킹도 필요하다. 같은 회사 직원 이라 해도 다른 지역, 다른 부서에 근무하는 경우에는 안면 정도만 있 을 뿐 서로에 대해서 잘 알고 있지 못하기 때문이다. 물론 전혀 모르는 사람들끼리 모여 교육을 받을 때는 말할 것도 없다. 서로에게 마음이 열 려야 교육 중에 대화도 원활하게 되고 팀 활동도 활발해지기 때문이다.

　어른은 몸집이 큰 어린아이라고 했던가? 성인들이 마음을 열어놓을 수 있는 유일한 방법은 동심으로 돌아가게 하는 것이다. 그래서 가장 많이 동원되는 방법이 크레파스, 풍선, 색종이를 가지고 놀게 하는 것이다. 이런 도구를 이용하여 교육 주제와 관련된 상징물도 만들고 그림도 그려 보는 동안 서로 긴장을 풀게 되고 마음을 내려놓게 된다. 그림을 그리는 일은 성인의 대부분에게 똑같이 능숙하지 못한 일이고, 색칠을 하는 데는 잘하고 못하고가 없기 때문이다. 놀이를 하는 동안 교육에 대해 가졌던 긴장감과 반발심도 함께 내려놓게 된다. 아이스 브레이킹을 통해 형성된 분위기가 나머지 교육의 분위기를 결정한다고 해도 과언이 아니다.

아이스 브레이킹에 사용할 수 있는 가장 강력한 놀이 하나를 소개한다. 효과적인 아이스 브레이킹을 위하여 다양한 방법을 익힐 필요는 없다. 1가지라도 '강력한 내 것'으로 만드는 것이 중요하다. 당신의 향후 전개될 강의 이력 중에 지금의 대상을 다시 만날 가능성은 거의 없다. 한 종류의 카드를 사서 수천 명에게 돌려도 받는 사람은 각각의 반응을 보이듯이 당신이 많은 대상을 생각하면서 다양한 '아이스 브레이킹' 방법을 준비할 필요는 없다. 또한 이 방법은 이미 경험했던 사람이 있어도 무방하다. 그 사람 또한 새로운 사람과 다시 하는 재미가 있기 때문이다.

① 강의의 참여한 모든 사람에게 A4 1장씩을 나누어준다.

　　(한 팀은 보통 여섯 명 정도로 구성이 된다)

② A4지 상단에 본인의 소속과 이름을 적도록 한다.

③ 이제부터 초상화를 그릴 것이라고 말한다(이때 사람들이 웅성거리기 시

작한다. 모두 그림 그리는 것에 자신이 없기 때문이다). **이어서 한 사람의 얼굴을 혼자서 그리는 것은 아니니 너무 부담스러워 할 필요는 없다고 안심을 시킨다.**

④ 자신의 소속과 이름이 적힌 종이를 오른쪽에 있는 사람에게 전달하라고 한다.

⑤ 제일 먼저 할 일은 자기가 받은 종이 주인의 얼굴 외곽선을 그리는 것이다. 얼굴형 외에는 더 이상 그리면 안 된다고 강조한다(그때부터 서로 쳐다보느라 정신이 없어지고 이러한 어색한 상황에 여기저기서 웃음이 터져 나온다).

⑥ 이제 얼굴형이 그려진 종이를 다시 오른쪽으로 넘겨주라고 한다. 그러고 나서 종이 상단에 쓰여진 이름과 주인공을 확인하라고 말한다. 이번에 그려야 할 사람은 먼저 그린 사람의 옆에 앉은 사람이 된다. 이제는 그 사람의 머리카락을 그리라고 한다.

⑦ 이렇게 눈, 눈썹, 코, 입술 등을 차례로 그리도록 한다. 자기 종이가 돌아올 때쯤 얼굴이 완성되도록 과제를 더해주면 된다.

⑧자기의 그림을 스스로 보완할 기회를 주고('뽀샵' 처리할 시간을 준다고 하면 모두가 좋아하고 웃는다) 완성된 그림을 들고 자기소개를 멋지게 해보라고 한다.

미술에 특별히 소질이 있었던 사람 외에는 데생이나 스케치에 능숙한 사람이 거의 없다. 대부분 성인들의 그림 실력은 어린아이와 다를 바가 전혀 없다. 아니 오히려 아이들보다도 더 못 그린다. 처음에 그림을 시작할 때는 너무도 자신 없는 일이라 망설여지기도 하지만 곧 모든 사람의 실력이 대동소이하다는 것을 알고는 긴장이 풀어지고 웃음이 터지기 시작한다. 또 남의 얼굴을 뚫어지게 본다는 것은 얼마나 어색한 일인가? 그렇지만 상대방의 얼굴을 정확히 그리기 위해서는 상대의 얼굴을 자세히 볼 수밖에 없다. 이러는 가운데 서로를 관찰하게 되고 친밀하게 된다. 한 사람과만 이런 일이 벌어지는 게 아니라 팀원 전체와 이런 과정을 공유해야 한다. 그러는 가운데 팀원들은 마음이 열리고 하나가 된다. 불과 1시간 만에 인간관계가 이렇게 변한다는 것이 기적같이 느껴진다. 교육 방법의 힘이기도 하다. 1가지라도 완벽히 자기 것으로 만드는 것이 중요하다. 이 아이스 브레이킹도 여러 차례 진행을 하다보면 멘트가 달라지고 운용의 방법이 달라지면서 보다 효과적으로 진행하는 노하우가 생긴다. 강의에 제공된 시간을 비록 1시간이지만 이렇게 보낸다는 것에 대해 이의를 제기하는 사람이 있을 수도 있다. 그렇지만 피교육생들 서로가 익히 알고 있는 사이가 아니라면 꼭 필요한 과정이다. 적극적 참여는 마음이 열린 후에야 이루어지기 때문이다.

강의 노트

- 강의 시작 전 경직된 분위기와 어색함을 깨기 위한 아이스 브레이킹이 필요하다.
- 자기소개를 남에게 맡기지 않는다.
- 피교육생들이 적극적으로 아이스 브레이킹에 참여할 수 있도록 돕는 다양한 프로그램을 활용한다.

02

청중을 압도하는
커뮤니케이션 기술

이 장에서는 1~2시간의 특강 진행에 대해 다루고자 한다. 하루 이상 진행해야 하는 프로그램(워크숍) 강의는 모더레이팅을 주제로 다시 다루고자 한다.

누군가의 마음을 움직이는 데는 얼마의 시간이 필요할까? '나는 가수다'라는 프로그램이 인기를 끈 적이 있다. 우리나라의 대표되는 가수들이 나와 서로의 기량을 다투며 경쟁을 하는 파격적인 프로그램이었다. 자신의 명예가 달린 일이었으므로 참여하는 가수 모두가 곡의 선정, 편곡, 악기의 편성 등 자신들의 노래를 최대한 효율적으로 전달할 수 있는 모든 수단을 동원하곤 했다. 관중이 숨죽인 가운데 전주가 흐르고 이어 가수의 노래가 시작된다. 불과 1분도 지나지 않아 관중석에서는 감동에 겨워 눈물을 훔치는 장면이 나온다. 사람이 감동하는 데는 이렇게 채 1분이 걸리지 않기도 하지만, 몇 날 며칠을 설득해도 바뀌지 않는 게 사람의 마음이기도 하다. 강사는 주어진 1~2시간을 가장 효율적으로 써서 목적한 바를 이루어야 한다. 강사가 목적한 바란 어떤 방식이든 사람의 생각과 마음을 변화시키는 것이다. 강의의 목적이 그것 외에 또 무엇이 있겠는가. 그러므로 자신에게 주어진 시간은 재미와 감동, 갈등, 반전을 거쳐 멋지게 대단원의 막을 내리는 한 편의 소설이 되고 드라마가 되어야 한다.

흡입력 있는 스토리를 준비하라

조선시대 후기에 '전기수'라는 직업이 있었다. 고전소설을 직업적으로 낭독해주는 사람이다. 그들의 특징 중 하나는 흥미로운 대목이나 극적인 장면에 이르러서는 이야기를 멈추고 있다가 사람들이 돈을 던져주면 이야기를 계속하는 것이라고 한다. 주인공이 실의에 차 고뇌하는 장면에서 이야기를 듣던 사람이 분에 못 이겨 전기수를 죽이는 사건이 일어난 적도 있다. 이야기의 힘은 이렇게 강력하다.

　일본 아이모리 현에서 사과농사를 짓는 사람들이 있었다. 어느 해에는 태풍으로 사과들이 다 떨어져 나갔다. 태풍 속에서 살아남은 사과는 10퍼센트도 되지 않았다. 큰 손실로 걱정을 하던 농부들이 아이디어를 냈다. 살아남은 사과들을 '합격사과'라는 이름으로 수험생들에게 팔기 시작한 것이다. 보통 사과의 10배 이상의 가격에 팔렸다고 한다.

개빈 터크(Gavin Turk)라는 영국의 팝 아티스트는 '실낙원'이라는 작품을 발표한 적이 있다. 우리가 먹다 버린 사과의 말라비틀어진 모습을 그대로 작품화한 것이다. 그는 여기에 아담과 이브의 스토리, 잃어버린 낙원에 대한 상실감 등을 담아 '실낙원'이란 제목을 붙였고 경매에서 500만 원에 낙찰이 되었다. 이런 사례들은 우리가 쉽게 지나치는 사물들이 이야기를 덧입음으로써 얼마나 강력한 힘을 얻게 되는지를 보여준다.

이야기의 구성 요소로는 발단-전개-위기와 갈등-반전-해결 및 결말 등이 있지만, 그중 가장 중요한 요소는 캐릭터나 상황을 표현하는 디테일의 힘이다. 이야기를 맛깔나게 한다는 사람들은 디테일 묘사가 뛰어난 사람들이다. "우리 아저씨는 아주 예의가 바른 분이었습니다"보다는 "우리 아저씨는 늘 입가에 미소를 띠고 계셨으며, 사람을 만나면 중절모를 반쯤 벗으며 공손하게 안부를 묻곤 했던 멋쟁이셨습니다"라고 표현하면 우리는 상상하게 되고 장면으로 그려보게 된다. 다산 정약용 선생의 시 한 편을 소개한다.

시냇가 헌 집 한 채 뚝배기 같고
북풍에 이엉 걷혀 서까래만 앙상하네

묵은 재에 눈이 덮여 부엌은 차디차고

체 눈처럼 뚫린 벽에 별빛이 비쳐드네

집안에 있는 물건 쓸쓸하기 짝이 없어
모조리 팔아도 칠, 팔 푼이 안 되겠네

개꼬리 같은 조 이삭 세 줄기와
닭 창자같이 비틀어진 고추 한 꿰미

깨진 항아리 새는 곳은 헝겊으로 때웠으며
무너앉은 선반대는 새끼줄로 얽었도다

(출처 :《다산시선》, 정약용 저, 송재소 역, 창비, 2013)

다산 선생이 암행어사로 나가 본 가난한 시골 풍경이다. 그저 '백성들의 삶이 대단히 어려웠다'라고 말하는 것과는 천지차이가 아닌가. 한 장의 그림이 그려지고 가난했던 옛날이 떠오르며 가슴이 아려온다. 이야기란, 나아가 요즘 말하는 스토리텔링이란 이렇게 구체적인 묘사를 통해서 상상하게 만들고 공감하게 만드는 힘을 가진 것이다.

미국강사협회가 출간한 도서《PAID TO SPEAK》에는 '사람들은 정보를 원하지 않고 (…) 통찰을 원한다. 또 그러한 통찰은 정보에서는 얻을 수 없다(People don't want information (...) they want epiphanies. And they don't get epiphanies from information)'라는 문장이 나온다. 만일 이런 문

장을 읽었다고 치자.

'독서는 우리를 변화시키고 성장시킵니다. 옛날부터 아이들을 교육하기 위해서는 1만 권의 책을 읽게 하고 1만 리의 여행을 시키라는 말이 있습니다. 독서하는 아이들은 비뚤어지지 않습니다. 어려서부터 독서 습관을 익혀야 합니다. 저를 이렇게 성장시킨 것도 독서입니다. 저는 누구보다도 많은 책을 읽었다고 자신 있게 이야기할 수 있습니다.'

이 문장을 읽고 나면 어떤 생각이 드는가? 책을 읽어야겠다는 마음이 저 밑에서부터 용솟음치는가? 집에 돌아가는 순간 아이들에게 책을 읽혀야겠다는 결심이 서는가? 당위적인 이야기를 직설적으로 주장하거나 자화자찬을 늘어놓는 것으로는 변화를 이끌어낼 수 없다.

한때 정부의 인문학 사업 중 한 꼭지를 총괄한 적이 있다. 그 사업은 은퇴한 분들을 모아 일정한 강의 스킬을 교육한 후 강의가 필요한 우리 사회 곳곳에 파견하는 일이었다. 훌륭한 이력을 가진 분들이 많이 지원했다. 회사에서 임원으로 퇴직한 사람은 물론 기자, 프로듀서, 아나운서, 교수, 박사 학위 소지자 등 소위 젊어서 잘나갔다고 하는 사람들이 대부분이었다. 그중에서도 교장 선생님으로 정년을 마친 사람들이 상당수 있었다. 대부분 강의와 인연이 있는 사람들이었고 나름 대중 앞에서 말하는 것에 경험과 자신감도 갖고 있었다. 그중에는 물론 실력자도 있었지만 많은 경우가 위에 제시한 '독서의 중요성'을 강조하는 방식으로 강의를 했다. 스토리텔링의 중요성에 대해 교육을 받은 후에도 강의 스타일은 바뀌지 않았다. 독서의 중요성을 이렇게 표현하는 것은 어떨까?

"알베르토 망구엘(Alberto Manguel)을 아시나요? 망구엘은 아르헨티나 출신의 세계적인 작가입니다. 그가 16세가 되던 해 부에노스아이레스의 '피그말리온'이란 서점에서 아르바이트를 하고 있었습니다. 그때 아르헨티나의 국립도서관장이자 대작가인 호르헤 루이스 보르헤스(Jorge Luis Borges)가 서점을 방문합니다. 이때 보르헤스는 망구엘에게 이런 제안을 하게 됩니다. '내가 요즘 눈이 안 좋아져 책을 읽기가 어렵게 되었단다. 네가 대신 책을 읽어주는 아르바이트를 좀 해주겠니?' 이 제안을 받아들인 망구엘은 4년이란 세월 동안 책을 읽어주는 아르바이트를 하게 되고 이렇게 읽게 된 책들이 그의 인생을 완전히 바꿔 놓게 됩니다. 나라고 하는 존재는 뭔가요? 결국 내가 읽은 것과 먹은 것의 현재 결과물이라 할 수 있습니다. 내 머릿속에 어떤 내용이 입력되느냐에 따라 나는 다른 사람이 되는 것입니다. 먹는 것에 따라 우리 몸이 변하듯이 말입니다."

"세계적인 유명인사나 재벌 회장 등 VVIP들이 이용하는 전세기가 있답니다. 이런 분들이 이용하는 비행기와 그 안에서 일어나는 일들 궁금하시죠? 여기에 탑승한 경험을 갖고 있는 사람은 약 6,500명의 승무원 중 다섯 명도 되지 않는다고 해요. 그중 한 사람인 김모란 씨가 전용기에서 경험한 일입니다. 김모란 씨를 가장 놀라게 했던 건 이 비행기를 타는 대부분의 재벌 회장들이 엄청난 독서광이었다는 거예요. 주무시려니 했는데 모두가 책과 신문에 밑줄을 쳐가며 읽고 있더라는 겁니다. 극과 극의 성향을 가지고 있는 제각각의 VVIP들이 딱 1가지, 책을 열심히 읽는다는 공통점을 갖고 있었던 거지요. 먹는 것은 어떨까요? 재벌 회장들은 호화로운 전 세기에서 무슨 음식을 먹을까요? 공통점은 라면을 좋아하더라는 거예요. 밥 한 공기 달라는 주문과 함께. 여러분, 성공한 사람과 그렇지 않은 사람은 먹는 것에선 차이가 나질 않아요. 독서하는 차이, 공부하는 차이가 있는 겁니다. 이러한 풍경에 자극 받은 김모란 씨도 자연히 책을 많이 읽게 되지 않았을까요? 예, 맞습니다. 지금은 대학교수가 되어 있습니다."

사람들은 이야기를 좋아한다. 《해리 포터》는 한때 삼성전자보다도 많은 돈을 벌어들였다. 덴마크의 자그마한 인어동상을 보러, 흔하디흔한 동네 뒷산에 불과한 로렐라이 언덕을 구경하러 매년 수많은 관광객이 몰려간다. 모두가 이야기를 쫓아가는 것이다. 강의란 이렇게 이야기를 나누는 것이지 훈계하거나 가르치는 것이 아니다. 또한 옳은 이야기를 당연하게 하는 자리도 아니다.

아이폰이 세상에 처음으로 소개되었을 때, 개인적으로 상당한 혼란을 느꼈다. 아이폰에 적용된 놀라운 기술은 얼마 뒤 바로 적응이 되었다. 내가 혼란스러웠던 것은 도대체 누가 이것을 만들었는가 하는 부분이었다. 당시는 노키아, 모토로라, 삼성전자가 3대 휴대전화 제조업체였고 삼성전자가 막 모토로라를 따라잡으려던 시점이었다. 애플의 아이폰은 이 3대 업체가 만든 제품이 아니었다. 도대체 세계 굴지의 핸드폰 업체들이 만들지 못한 것을 누가 만들 수 있단 말인가. 반대로 그런 기술을 갖고 있는 회사라면 어떻게 이제껏 내가 모르고 있었던 것일까? 변화와 트렌드를 주제로 강의를 하고 있는 나에게 말이 되지 않는 상황이었다. 그 아름답고 감탄스러운 제품을 만들어낸 회사는 대만의 HTC라는 당시만 해도 별로 알려지지 않은 회사였다. 세상의 기술은 이미 평준화를 향해 달려가고 있다. 몇 억을 호가하는 명품 시계라 하더라도, 시계 본연의 기능적인 면에서는 내가 차고 있는 전자시계를 능가하지 못한다. 전자시계는 더 정확하고 더 편리하다. 이제 시계 브랜드들은 시간의 정확성을 놓고 경쟁하지 않는다. 내가 어려서 처음 찬 시계는 일본의 세이코라는 세계적인 업체의 제품이었지만 늘 시간이 맞지 않아 시계방을 들락거리곤 했다. 이제 아무리 저가 시계를 사더라도 이런 이유로 시계방을 찾지는 않는다. 기능의 시대가 저물어가고 있는 것이다. 그렇다면 기능 대신 무엇을 무기로 하여 싸워야 하는가? 인간의 욕망(Desire)을 터치해주어야 한다는 것이다. 세상의 명품은 모두 그런 방식으로 존재하고 있다. 세계 여성들이 선망하는 에르메스의 '켈리백'은 모나코의 그레이스 켈리라는 여왕이 임신한 배를 가리기 위해 들고 다녔던 가방이다. 이 가방은 가방으로서의 '기능' 때문에 주목받는 것이 아니다. 여왕의 삶이란 보통 사람들에게 어떻게 상상이 되는가? 모든 걸 여왕처럼 살 수는 없지만 가방이라도 같은 것을 한 번 가져보겠다는 심리가 그 백을 세계적인 인기 상품으로 만든 것이다. 강의도 마찬가지다. 그냥 말 잘

하는 것에는 경쟁력이 없다. 감성을 자극하는 강의여야 한다. 인간은 절대 논리적이고 합리적이지 않다는 것이 최근 행동경제학에서 발견한 인간에 대한 유의미한 통찰 아닌가?

주최측과 참석자 모두를 만족시키기 위한 체크리스트
성공적인 강의를 위해서 다음과 같은 사항들을 염두에 두어야 한다.

① 주최측에서 어떤 내용의 강의를 요청했나?
강의를 요청한 측의 요구사항을 최대한 반영해야 한다. 그러기 위해서는 본인이 갖고 있는 자료의 일부를 늘 수정하여 맞춤화하는 습관을 가져야 한다. 언제 어느 곳에서 요청했느냐와 관계없이 나는 나의 강의를 하겠다고 생각하는 것은 프로강사의 자세가 아니다.

② 강의에 참석하는 사람들은 누구인가?
강의에 참석하는 사람들의 성향, 연령대, 학력 등을 사전에 염두에 두고 강의 준비를 해야 한다.

③ 강의 장소 및 시설은 어떤가?
프로강사의 경우에도 자신의 노트북을 사용하지 못하고 USB를 이용해야만 하는 시설이 있다. 공무원 교육기관 등 연속적으로 강의가 이루어지는 곳이 대부분 그렇다. 프로젝트 및 음향 연결 등이 원활하게 되지 않는 경우가 종종 있으니 확인할 필요가 있다.

④ 나에게 주어진 시간은 얼마나 되나?

2시간으로 알고 가도, 앞에 사장님의 인사 말씀이 있는 경우도 있고, 청중들이 돌아가야 할 시간을 염두에 두고 조금 일찍 끝내달라고 하는 등 다양한 경우가 있다. 강의란 것이 기 - 승 - 전 - 결이 있는 것이라 시간 배분을 잘못하게 되면 완성도가 떨어지게 된다.

⑤ 나의 앞뒤 순서에 어떤 강사들이 어떤 내용으로 강의하는가?

내가 강의할 내용과 비슷한 내용들이 앞에 있었다거나, 앞에서 인용한 사례나 사진 등을 내가 다시 쓰게 될 경우 내 강의는 바로 신선함을 잃게 되고 독창성이 없는 강의로 평가되고 만다. 말 그대로 강의를 망치는 것이다. 그래서 강사의 주제와 자료는 차별화되고 유니크해야 한다. 평소 남의 것을 베끼고 복사하는 방식으로 강의 준비를 하면 안 된다. 특히 인터넷에 떠도는 인기 있는 이야기나 사진을 쓰는 것은 아주 위험하다. 사람들이 이미 알고 있는 이야기를 혼자만 모르고 신나게 하는 꼴이 되기 때문이다. 같은 교육회사에 근무하다 보면 좋은 내용의 자료를 서로 공유하게 되는 경우가 있다. 이러한 경우 꼼꼼히 체크하지 않고 강의에 들어갔다가 낭패 본 사례가 아주 많다. 카피캣 (Copycat)이 되어서는 안 된다.

⑥ 초청한 조직의 연혁, 조직의 비전과 미션, 최근의 이슈 등 기본 사항을 체크했나?

강의 도중 강의를 듣고 있는 사람들에게 회사에 대한 기본적인 내용을 묻는 강사도 있다. 바로 비호감이 되는 지름길이다. 초청한 측의 회사명을 잘못 알고 있거나 정확하게 모르고 있는 경우도 있다. 이건 기본적인 예의가 아니다. 당신의 이름을 누군가 잘못 부르는 경우를 생각해봐라.

⑦ 강의에 참석하는 대상과 공유할 만한 개인적인 경험이나 지식은 무엇이 있을까?

도올 선생과 장경동 목사는 어느 곳을 가든 그 지방이나 조직과의 인연에 대해서 언급하는 것으로부터 강의를 시작한다. '우리가 남이가'라는 구호처럼 뭔가 연결되어 있다는 느낌을 주는 것은 청중을 내 편으로 만드는 아주 좋은 방법이다.

⑧ 오늘 강의할 내용을 보다 재미있고 의미 있게 만들어줄 개인적인 스토리는 무엇이 있을까?

앞에서 이야기의 중요성을 이야기했다. 내가 말하고자 하는 모든 주제는 재미있는 사례가 뒷받침해줘야 한다. 그 사례가 나 혹은 누군가의 생생한 경험담이면 더할 나위가 없다. 대부분에게는 이런 사례가 있다. 다만 발견하지 못했을 뿐이다.

몸이 이야기하도록 하라

커뮤니케이션에서 언어가 차지하는 비중이 7퍼센트밖에 되지 않는다는 연구 결과는 강의를 하는 사람들이라면 대부분 알고 있는 내용이다. 나머지는 비언어적인 메시지에 의해 전달이 된다는 것이다. 잘 알고는 있으나 이를 믿고 실천하는 사람도 많지 않다. 부지불식간에 말로 모든 것을 설명하려는 것이다. 앞에서 비주얼의 중요성에 대해서 이야기했는데, 마찬가지 이유로 강사의 자세와 움직임 또한 이에 못지않게 중요한 요소다. 당신이 강의하는 동안 당신의 몸과 동작은 무엇을 전달하고 있을까? 첫인상을 결정짓는 데 5분도 안 걸린다는 연구가 있다. 당신은 강의 준비에 몇 주 혹은 몇 달 동안이나 심혈을 기울였을지 모른다. 그렇지만 커뮤니케이션 연구에 의하면 청중들은 아주 짧은 시간에 비언어적인 메시지를 통하여 당신을 평가한다.

① 다리와 몸의 자세

강단에 서서 처음 하는 말이나 동작은 청중을 집중하게도 하고 멀어지게도 한다. 많은 연구자들은 그 상황에서 기대되는 평범한 말이나 동작보다는, 신선하고 새로운 무언가가 있을 때 청중의 관심을 끌게 된다고 입을 모은다. 이를 위해 어떤 강사들은 무대에 뛰어나오기도 하고 아주 큰소리로 인사를 하기도 하고 연단 중앙이 아닌 구석에 서 있기도 한다. 어쨌든 지금과는 다른 방법의 다양한 시도를 해보기 바란다. 의외의 소득이 있을 수 있다. 강사는 어떤 경우에도 매너리즘에 빠지면 안 된다.

강의를 시작할 때는 적극적으로 청중 쪽으로 가까이 가는 것이 좋다. 중간에 질문을 할 때와 강의를 마칠 즈음에도 마찬가지다. 강의 도중 청중의 관심이 멀어지고 있다고 생각할 때도 이 동작을 취하면 좋다. 이는 강사의 자신감을 느끼게 해주는 좋은 방법이다. 양발에 균등하게 무게중심을 나누어 서 있는 동작은 기본에 속한다. 나아가 당신이 공간의 중심에 잘 자리잡고 있으면 청중에게 보다 안정감을 줄 수 있다.

강사의 파워는 공간을 장악하는 데서도 느껴진다. 이상적인 발 사이의 간격은 여성의 경우 약 15센티미터, 남성의 경우 약 20센티미터라는 연구 결과가 있다. 이 정도 간격을 두고 서 있을 때 강하고 자신감 있게 보인다고 한다. 이보다 더 벌릴 경우는 청중에 대하여 방어적이거나 공격적으로 보일 수도 있다고 하는데, 실제 남자들이 논쟁하거나 다툴 때는 두 배나 더 다리를 넓게 벌리는 경향이 있다고 한다. 사람의 자세는 청중들의 판단에 영향을 미치기도 한다. 최초로 TV 중계된, 미국 대통령 경선 토론에서 리처드 닉슨(Richard Nixon) 후보는 차에서 내리다 무릎을 심하게 부딪쳤다. 그 고통으로 연단에 삐딱하게 한 다리에 의지해서 토론을 했는데 이 모습이 시청자에게는 좋은 인상을 주지 못했다. TV시청자들을 대상으로 한 여론 조사에서 닉슨은 패배를 했다. 아이러니한 것은 라디오 청취자들을 대상으로 한 조사에서는 리드를 했다는 것이다. 케리와 부시의 경선 토론에서 부시는 자주 넓은 스탠스를 취하고 편안한 바디랭귀지를 구사한 반면 케리는 좁은 스탠스에 종종 벽에 기대곤 했다. 버락 오바마(Barack Obama) 대통령 또한 어떤 후보보다도 안정된 스탠스와 바른 자세를 유지했다. 커뮤니케이션 학자들은 이러한 동작들이 이를 지켜보는 국민들에게 보이지 않는 신뢰를 형성하게 만든 중요한 요인이었다고 말한다.

한편 청중을 향해 뜨거운 마음을 전달해야 한다. 청중은 강사의 이런 적극적인 자세를 보며 자신 있는 사람이라고 판단할 것이다. 우리 대뇌의 변연계가 자동으로 그것을 읽는다. 청중을 향한 이런 뜨거운 마음은 상징적으로 자신들이 이 공간에서 가장 중요한 존재임을 느끼게 해준다. 강의를 시작하기 전 당신은 컴퓨터 세팅 등 이런저런 준비로 정신이 없을지도 모른다. 가능한 한 빨리 이러한 작업을 마치고 강의장에 들어서는 사람들에게 환영의 미소와 제스처를 취해라. 사소해 보이는 일 같지만 이것이 청중과 마음의 교류가 시작되는 지점이다. 나아가 강의에도 긍정적인 영향을 미침은 물론이다. 강의를 시작하기 전까지 무심한 얼굴로 있다가 녹화에 임하는 연기자처럼 갑자기 웃으면서 시작하는 것도 매우 황당해 보이는 장면이다.

② 공간의 활용

움직임을 효율적으로 쓰는 강사들이 있다. 테이블이나 탁자 등 청중과의 사이를 가로막는 장애물에서 벗어나 강의 공간을 최대한 활용하면서 강의하는 것이 좋다. 청중 사이로 들어가는 것도 좋다. 연구에 의하면 이렇게 청중석으로 들어가게 되면 청중은 강사와의 벽을 허물게 된다고 한다. 그 외에 얻을 수 있는 부수적인 효과는 강의에 몰입하지 않는 사람, 옆 사람과 잡담하는 사람, 스마트폰에 집중해 있는 사람들로 하여금 다시 강의에 집중할 수 있도록 만든다는 것이다. 그러므로 강의 시간 내내 무대의 정면에 서서 강의할 필요가 없다.

움직이고 또 움직여라. 그것이 청중을 더 집중시키고 청중에게 에너지를 불어넣는 좋은 방법이다. 강사가 움직이면 청중도 함께 움직이는 느낌을 줘 피곤함도 덜 느끼게 된다고 한다. 그렇다고 해도 움직임에는 의도가 있어야 한다. 그저 목적 없이 서성거리는 것은 좋지 않다. 상황과 주제가 바뀌는 부분과 맞추어 움직이면 더욱 효과적이다.

③ 얼굴 표정과 몸의 반응 관계

우리는 남의 마음을 읽으려 할 때 얼굴의 표정에서 무언가를 읽어내려 하지만 행동 전문가들은 이것이 현명한 방법이 아니라고 말한다. 얼굴 표정은 오랜 사회생활로 인해 충분히 숨기는 훈련을 했기 때문에 얼마든지 감출 수 있는 부분이라는 것이다. 오히려 모든 감정 상태는 다리에서 먼저 나타난다고 한다. 하긴 그렇다. 슬픈 소식을 전해 듣는 순간에는 다리에 힘이 빠지면서 털썩 주저앉는가 하면, 당황스러운 일을 당할 때는 발을 동동 구른다는 표현을 쓰기도 한다. 수줍은 소녀들이 전화 통화를 하면서도 발을 포개 비비기도 하고 의자에 앉아 흔드는 것은 분명히 유쾌한 통화를 하고 있는 상태임에 틀림없다. 또한 거짓말을 하는 경우에 우리의 행동은 활발하지 않고 얼굴 표정은 자연스럽지 않다. 표정에는 의기소침한 기운이 드러나고 몸은 위축이 된다.

이런 이야기를 하는 것은 강의에 자신의 감정을 그대로 실어야 한다는 것을 말하고 싶어서다. "여러분을 만나게 돼서 정말 기쁩니다"라고 말할 때 진짜 기쁜 마음이라면 이 말을 하기 직전 입가에 미소가 흐른다. '정말 미치겠네'라는 마음 직전에 이미 얼굴이 찡그러져 있는 것과 같다. 그러므로 강사는 감정 표현을 할 때 진심으로 해야 한다. 청중은 이러한 비언어적인 메시지를 예민하게 캐치하면서 강사의 말을 신뢰하기도 불신하기도 한다. 경험이 많은 강사일수록 연기를 하는 경향이 있다는 조사도 있다. 좋은 감정을 갖는 것이 좋은 강의를 하는 비결이다.

④ 손의 동작

콜게이트 대학교(Colgate University)의 심리학자인 스펜서 켈리(Spencer Kelly)와 네덜란드 라드보우드 대학교(Radboud University)의 에릭 메리스(Eric Maris)는 강의와 제스처와의 상관관계에 관심이 있었다. 그들은 제스처가 강의 내용과 일치할 때 자료들을 훨씬 효과적으로 학습하도록 도와준다는 것을 발견했다. 사실 그 전에 제스처가 말과 다를 경우 청중들은 말의 의미보다 제스처를 따라간다는 연구가 있었다. 어려서 이런 게임을 한 적이 있을 것이다.

"자, 이제부터 내가 말하는 대로 따라 해야 돼. 코, 코, 코, 코… 입!" 하는 게임 말이다. 이렇게 따라 하라고 한 사람은 입이라고 말하면서 자기 손은 귀로 가져간다. 그러면 따라 하던 사람도 얼떨결에 귀로 손을 가져가면서 한바탕 웃게 되는 게임이다. 여기서 우리는 말보다 동작을 먼저 따라간다는 것을 알 수 있다.

프레젠테이션 강의를 할 때 사람들이 가장 많이 묻는 질문 중의 하나가 팔의 동작에 관한 것이다. 도대체 팔을 어떻게 해야 좋으냐는 것이다. 팔은 심장이 있는 위치에서 뻗어 나와 우리가 갖고 있는 감정을 표출한다. 긴장과 불안은 다리와 팔로 온다. 불안감을 감추고 싶을 때 두 손을 서로 맞잡아 불안한 마음을 감추기도 한다. 긴장이 되는 순간을 유연하게 극복할 수 있는 제스처는 없을까? 이때는 손을 공중에 높이 들어 올리는 동작을 하면 된다. 100미터를 1등으로 들어온 사람들이 어떤 동작을 취하는가? 대부분이 손을 하늘로 들어 올리며 환호한다. 승리했다는 표현이며 자신감의 표현이다. 사람은 감정이 동작으로 나타나기도 하지만 동작에 의해 감정이 움직이기도 한다. 기뻐서 웃지만 웃음으로써 기뻐지기도 한다는 원리다. 낯선 곳에서 손을 공중에 들고 있기가 어려우면 배트맨이나 원더우먼이 하듯 허리에 손을 얹고 당당히 서 있는 포즈를 취해도 좋다. 모두가 자신감의 표현이다. 이렇게 2분 정도 지나면 어느 정도 자신감이 생긴다. 물론 깊은 호흡을 반복하는 것도 도움이 된다. 손의 위치는 비언어적 행동에 영향을 미친다. 손을 양옆으로 붙이면 에너지와 목소리는 내려가고 모노톤의 소리를 낸다. 아울러 덜 움직이게 되면 얼굴 표정도 단조로워진다. 반대로 손을 가슴 높이 이상으로 올리면 목소리는 높아지고 에너지를 받게 되고 역동적이 된다. 손의 위치에 따라 감정의 변화가 생기는 것이다. 손의 동작으로 그림자를 만들어 다양한 이야기를 들려주는 사람들이 있다. 이들이 손을 이용하여 표현할 수 있는 게 10만 가지가 넘는다고 하니 손으로 표현할 수 있는 것이 상상외로 많은 것이다.

한 연구에 의하면 강사들은 일반인이 대화할 때보다 두 배나 더 많은 제스처를 쓴다고 한다. 제스처를 적게 쓰려고 하기보다는 적극적으로 제스처를 쓰려고 하는 것이 좋다. 이는 우리의 신경회로에 영향을 주고 보다 많은 연결고리를 만들어내며 강의의 효과를 높여준다. 적극적인 제스처가 좋다고 했지만 무의미하게 움직이는 동작은 오히려 청중들의 신경을 건드리기도 한다. 포인터를 스크린에 의미 없이 돌리는 동작을 한다든지 버릇처럼 불필요한 동작을 반복한다든지 하는 것은 고쳐야 할 제스처이기도 하다. 이런 습관적인 나쁜 동작은 본인이 스스로 인식하지 못하는 부분이므로 반드시 자기의 강의 장면을 녹화하여 체크해봐야 한다. 미국에서는 긴장하여 손의 처리가 어려울 때 한쪽 손을 바지 주머니에 넣는 제스처를 취하라는 팁을 주기도 하지만 우리나라에서는 절대 적용될 수 없는 경우다. 미국의 대선 당시 후보들의 연설을 연구한 한 학자는 오른손잡이 후보(케리와 부시)들은 긍정적인 이야기를 할 때 오른손을 사용하고 부정적인 이야기를 할 때는 왼손을 사용했다고 한다. 반대로 왼손잡이(오바마와 맥케인) 후보들은 긍정적인 이야기를 할 때는 왼손을 사용하고 부정적인 이야기를 할 때는 오른손을 주로 썼다는 것을 밝혀내기도 했다. 이렇게 손은 강의를 효과적으로 하는 것과 밀접한 관련이 있다.

⑤ 아이콘택트

아이콘택트를 잘하는 강사는 노련한 강사로 보인다. 실제로도 그렇다. 우리가 누군가를 쳐다보며 말을 할 경우 말한 것을 훨씬 잘 기억하는 경향이 있다고 한다. 엄마가 아이에게 무언가를 주지시키고자 할 때 아이의 양팔을 붙잡고 눈높이를 맞춘 후 이야기하는 풍경을 볼 수 있다. 우리는 정보의 80퍼센트를 눈으로 받아들인다고 한다. 강의하는 동안 청중을 꼼꼼하게 바라볼 수 있다면 청중들로 하여금 보다 강의에 집중할 수 있게 하고 강사를 신뢰하게 만들 수 있다. 아이콘택트는 강사와 청중 간의 관계를 증진시킨다. 눈을 마주친 사람은 강사와 연결된 느낌, 친밀함을 갖게 되고 이러한 느낌은 강사에게 다시 자신감을 준다. 우리는 보통 강사에게 우호적인 태도를 보이는 사람들에게 눈길을 더 주는 경향이 있지만 강의에 몰입하지 못하고 있는 사람들에게 눈길을 줌으로써 강의에 몰입하게 하는 것이 중요하다. 대부분은 자기를 좋아하는 사람들을 좋아하고 싫어하는 사람들에겐 불편함을 느낀다. 강의하는 동안에도 강사를 쳐다보고 웃는 사람, 고개를 끄덕여주는 사람에게 눈길이 먼저 가게 마련인데 의도적으로 강의에 겉돌고 있는 사람들에게 관심을 기울이는 것이 좋다. 지인 중에 가수 싸이의 공연을 보러 갔던 사람이 있다. 그는 공연 내내 싸이가 자신에게 관심을 갖고 공연을 하는 느낌을 받았다고 한다. 청중의 머리 너머를 건성으로 훑고 지나가는 것이 아닌 실제 눈을 맞추는 것이 중요하다. 강의장을 효과적으로 움직이며 청중들의 시선을 집중시켜야 한다. 예를 들면 강의장의 오른쪽 끝에서 첫 번째 사례를 들고 왼쪽 끝으로 옮겨가 두 번째 사례를 드는 것처럼 말이다. 우리의 눈은 사물이 계속 그 자리에 있는 것에 대해서는 무심해지고 그러다 보면 졸게 된다는 과학적 설명도 있다. 눈길을 주고 시선을 끄는 것은 강의에 집중하게 하는 중요한 요소이다.

◇◇◇◇◇◇
강의 노트
◇◇◇◇◇◇

- 청중을 압도하기 위해서는 강의 자체가 한 편의 드라마가 되어야 한다.
- 흡입력 있는 스토리를 준비해야 한다.
- 주최측과 참석자들을 모두 만족시키기 위한 강의 내용을 준비해야 한다.
- 비언어적 메시지의 중요성을 인지하고, 의미 없는 제스처로 강의 내용을 깎아먹지 않도록 주의한다.

03

명강사의 필수조건으로 떠오른 모더레이팅

교육을 받는다는 말을 들으면 떠오르는 풍경이 뭘까? 나에겐 강당이 떠오른다. 많은 사람들이 누군가의 이야기를 듣기 위해 앉아 있는. 학교 강의실도 떠오른다. 두 풍경은 크게 다르지 않다. 주로 학교에서 이렇게 공부했다고 해서 이런 방식으로 앉는 것을 '스쿨식'이라 부른다. 지금도 '스쿨식'은 여전히 유용하다. 많은 사람에게 아주 짧은 시간에 많은 정보를 전달할 수 있기 때문이다. 지금 이 책을 읽으며 강사를 꿈꾸는 분들은 역시 이런 장면을 염두에 두고 있을 것이다. 그렇지만 성인교육에서는 점차 이러한 방법을 탈피하고 있다. 강당에 앉아 있는 사람들의 머릿속을 잠시 스캔해보자. 여간 유능한 강사가 아니고서는 재미를 느끼기 어렵다. 혹시라도 동원된 교육일 경우 태도는 대단히 소극적이고 피동적이 된다. 강사는 피교육자의 관심과 현재 수준도 알 수 없고 강의를 진행하고 나서도 얼마나 교육의 효과가 있었는지 측정하기 어렵다. 이 정도가 되면 교육을 왜 했는가 하는 의문이 생길 정도다.

그러한 개선책으로 나온 것이 피교육생들로 하여금 스스로 참여하도록 만드는 방법이다. 성인교육에는 다음과 같은 전제들이 깔려 있다. 성인들은 이미 학습하려는 주제에 대해서 상당히 알고 있다는 것, 기존에 본인이 갖고 있는 견해를 쉽게 바꾸려 하지 않는다는 것 등이다. 그러므로 강사는 하나부터 열까지를 가르치려 하지 말아야 하고 함부로 무언가를 주장해서도 안 된다. 한편 청중들은 스스로 토의하고 결정한 부분에 대해서는 수긍하고 따르게 된다. 결국 이런 일련의 학습 방법은 '들은 것은 잊어버리고 본 것은 기억만 되나 직접 해본 것은 이해된다'는 공자의 말로 집약이 된다.

피교육자들을 참여하게 만들고 이러한 과정을 진행하고 도와주는 역할을 모더레이터라고 한다. 강사의 다른 표현이 되는 것이다. 모더레이터 역할이라고 해서 그 주제와 관련이 없이 아무나 할 수 있는 것은 아니다. 피교육생들이 찾아내지 못한 혹은 알고 있지 못한 20퍼센트를 전문가다운 식견과 통찰력으로 채워줘야 한다. 여기에서 소개하는 기법들은 강사가 되려는 누구에게나 필요한 기법이다. 때론 본인의 주제와 관련하여 여러 시간의 강의 의뢰를 받을 수도 있고 때론 본인의 강의 중에 이러한 기법을 섞어 쓰게 되면 훨씬 강력한 효과를 얻을 수 있다. 적어도 3

시간 이상의 강의를 의뢰받았을 경우에는 어떤 방식으로든 이러한 기법이 포함되어야만 듣는 사람들을 지루하게 만들지 않는다.

오늘날의 청중들은 그저 듣기만을 원하지 않는다. 강사와 교감하기 원하며 같이 듣는 사람들과도 교류하길 원한다. 그래서 프로강사들 중에도 자신의 생각을 일방적으로 전하는 것에서 모더레이팅의 역할로 전환하려는 사람이 늘고 있다. 모더레이터는 콘텐츠보다는 프로세스에 무게중심을 두게 되며 현실의 문제점으로부터 해결안을 도출해가는 과정을 안내한다. 이것은 교육이 그냥 흘러가도록 내버려두는 것이 아니라 방향을 잘 잡아주어 참여자들이 적극적으로 문제 해결에 임하도록 하는 강력한 방법이다. 이것이 잘 진행되기 위해서는 모더레이터와 피교육생은 물론 피교육생 상호간에 신뢰가 전제되어야 한다. 모더레이터는 다음과 같은 역할을 한다.

① 주제에서 벗어나지 않도록 하며, 프로세스를 안내하고 시간 관리를 하는 역할

② 가르치는 사람이 아닌 학습 보조원의 역할

③ 본인의 의견을 주장하기보다는 질문을 제기하여 스스로 깨닫게 하는 역할

④ 서로 협력하는 우호적인 분위기를 조성하는 역할

⑤ 의견을 내고, 조합하고, 해결안을 도출해내도록 하는 역할

⑥ 토의에서 소외되는 사람이 없도록 하고, 소수에 의해 분위기가 장악

되지 않도록 하는 역할

⑦ 소모적인 논쟁이 아니라 건설적인 내용이 되도록 유도하는 역할

⑧ 다음 단계로 넘어가기 전 내용을 요약하고 상호 이해를 통해 결론을 짓도록 하는 역할

이렇게 설명을 들으면 경험하지 않은 사람의 입장에서는 막연할 수 있기 때문에 하나의 사례를 들어보도록 하겠다. 이 책은 결코 이론서가 아니기 때문이다.

모더레이팅 교육 방법이란?

요즘 소통, 소통하는데, 결국 조직에서 발생하는 문제의 원인이 소통의 부재에 있다고 평소 생각하고 있다고 하자. 유명 강사가 1~2시간 전체 직원을 강당에 모아 놓고 '소통의 중요성'에 대해 역설한다고 해서 금방 조직의 문화가 바뀌지 않는다. 이럴 경우 교육부서에서는 교육을 통하여 이러한 문제를 개선해보고자 시도를 하게 된다. 모더레이팅 기법에 의한 교육은 다음과 같이 진행이 된다. 강사를 지망하는 분은 본인이 일방적으로 강의를 할 때와 비교하면서 보면 차이를 극명하게 느낄 수 있을 것이다. 다음으로 모더레이터가 중심이 되어 진행하는 워크숍에서 강사의 새로운 역할과 성인교육의 방향을 살펴본다.

① 워크숍의 목적을 분명히 하라

컨설턴트들에게 조언하는 말 중에 이런 게 있다. '바닷물을 통째로 끓이려 하지 말라'고. 결론적으로 말하면 범위를 명확하게 구체적으로 잡으라는 말이다. 그래서 '스코프(Scope)'란 말을 자주 쓴다. 앞에서도 조직의 교육 의뢰에 관한 사례를 들었지만, 워크숍을 통해 도출될 수 있는 결과에는 한계가 있다. 이러한 이야기가 교육 담당자 등과 사전에 명확히 되지 않으면 과도한 기대를 할 수도 있고 서로 목적하는 바가 달라질 수도 있다. 그러므로 모더레이터는 사전에 이를 명확히 인지하고 워크숍을 진행하여야 한다.

② 아젠다의 공유

크게 제시된 아젠다가 있겠지만 그것을 이루기 위한 작은 아젠다를 잘 주지시켜야 한다.

첫째, 오프닝에는 모더레이터를 소개하고 아젠다를 리뷰한다.

둘째, 아이스 브레이킹 순서에는 앞서 설명한 방법을 사용하여 분위기 조성을 한다.

셋째, '주제 1' 시간에는 주제를 설명하고 토론하게 한다.

넷째, '주제 2' 시간 역시 주제를 설명하고 토론하게 한다.

다섯째, 마무리 시간에는 나온 내용을 요약·정리하고 다음 단계를 안내한다. 이때 모더레이터의 평과 전문적인 지식이 전달된다.

모더레이팅 방식으로 진행할 때는 토론과 함께 액티비티를 곁들이는 것이 좋다. 전지와 색종이, 풀, 여러 색깔의 펜 등 다양한 교보재를 이용하도록 하는 것이다.

③ 참여를 북돋우는 토의의 진행 방법

대부분의 토의 방법은 다음과 같은 순서로 진행된다.

첫 번째로 문제점과 원인, 해결책 등의 아이디어들을 자유롭게 쏟아내는 단계이다. 양적으로 많은 아이디어를 내야 하는 단계이기도 하다. 이 과정에서 많은 사람들이 그저 브레인스토밍 방법을 권하는데 최근에 브레인스토밍의 효과에 대해서 의문을 제기하는 사람들이 많다. 실제로 일부 실험을 통하여 공짜 편승 현상, 평가 기피 현상, 블로킹 현상 등으로 큰 효과가 없음이 증명이 된 바도 있어 '브레인라이팅'의 기법을 혼용하도록 하고 있는 추세다. 의견에 대한 어떤 비판 없이 자유롭게 의견을 개진하는 자리라고는 하나, 어쨌든 다른 사람의 눈치를 살피게 마련이고 자기가 아이디어를 떠올리는 순간에는 남의 이야기에 귀를 기울이지 않는 단점도 있다. 이를 보완하는 방법은 먼저 각자의 아이디어를 정리하여 오는 것이다. 그런 후 브레인라이팅 기법을 활용한다. 브레인라이팅이란 각자 정리하여 온 아이디어를 책상 가운데 놓고 서로 돌려 보면서 자신의 새로운 아이디어를 덧붙이며 보완하는 것이다.

둘째, 유용한 아이디어들을 묶는 단계다. 먼저 유사한 아이디어를 같은 공간에 배치하고 묶는다. 비슷한 의견이라고 판단되면 같이 포개도 괜찮다. 이후 그룹별로 제목을 붙인다. 제목은 하위의 내용들을 대표하는 포괄적인 개념의 단어를 찾아야 한다. 그 다음엔 그룹별 제목에 우선순위를 정한다. 어떤 아이디어를 먼저 실천에 옮길 것인가에 대해 우선순위를 정한다.

셋째, 해결책을 찾아내는 단계다. 아이디어의 우선순위를 정했어도 그것을 바로 실천으로 옮길 것인가에 대해서는 다시 한 번의 검토가 필요하다. 만약 시간이 허락한다면 여기에서 다시 아이디어를 모을 수도 있다. 결국 실천으로 옮길 아이디어를 확정한다는 것은 조직원들의 중지(Consensus)를 모으는 과정이기도 하다. 중지를 모은다는 것은 '채택된 아이디어니까 그냥 따라가겠다'라는 소극적 태도에서 적극적으로 지원하고 실천하겠다는 의지를 갖도록 하는 것이다. 참여자들의 동의를 얻는 것이 무엇보다 중요하다.

넷째, 행동으로 옮기는 단계이다. 내가 회사에 다닐 때도 워크숍 형태의 교육은 여러 번 경험했다. 그렇지만 전문적인 모더레이터가 정교하고 흥미롭게 진행한 것은 아니었다. 어떤 문제를 토의하여 해결안을 도출한다는 기본 취지는 유사했지만, 아무런 콘셉트도 없는 난상토론식의 진행이었다. 임원들은 취침시간을 넘어서까지 회사 걱정을 하며 열띤 토론을 하는 직원들의 모습 자체를 즐기는 듯 보이기도 했다. 문제는 다음날이다. 이렇게 토의한 내용을 발표하는 시간인데 정작 회사의 중요 인물들은 보이지를 않는다. 지난밤 열심히 토의한 내용을 직원들끼리만 공유하고 끝나는 것이다. 이것은 결국 하나마나 한

워크숍이다. 실천으로 따르지 않는 워크숍은 의미가 없다. 이것을 제대로 간파한 사람이 잭 웰치 회장이었다. 잭 웰치 회장은 자신들이 고안해낸 타운미팅(위에 설명한 워크숍 개념과 크게 다르지 않다)에서 결정된 사항을 발표하는 순간에는 반드시 회사의 결정권이 있는 책임자가 참석하도록 했다. 발표를 듣고 나서도 토를 달기보다는 받아들일 것인가 말 것인가를 결정하도록 했다. 이렇게 마무리가 지어져야만 진정성 있는 워크숍이 되는 것이다. 책임자가 듣지 않고 정책으로 반영되지 않는 워크숍이 무슨 의미가 있는가? 그렇지만 아직도 이러한 방식의 워크숍은 여기저기서 진행이 되고 있다.

워크숍의 결론을 도출하는 과정에서 중요한 전제가 1가지 더 있다. 이 세상 모든 조직과 사업에는 돈이 부족하고, 사람이 부족하고, 시간이 부족하다는 공통점이 있다. 이러한 부족함을 잘 극복해가는 것이 사업의 속성이고 경쟁력이다. 어떤 문제를 해결하기 위한 다양한 아이디어를 낼 때 예산이 더 확보되면 해결될 것 같다든가 인력을 보충해주면 해결될 것 같다든가 시간만 더 주면 해결될 것 같다는 식으로 결론을 내는 것은 큰 의미가 없다. 그러니 모더레이터는 이러한 점을 잘 간파하면서 진행을 해 나가야 한다. 이러한 것이 모더레이터의 보이지 않는 역할이다.

액티비티를 이용한 강의

강의를 열심히 듣고 있는 듯해 보이는 성인들도 집중 시간이 20분 정도밖에 되지 않는다고 한다. 그러니 20분마다 변화를 주는 게 좋다. 변화를 줄 수 있는 가장 좋은 방법은 뭘까? 강의를 잠시 쉬고 액티비티를 하는 것이다. 강사 또한 혼자서 2시간을 일방적으로 이야기하기보다는 재미있는 브레이크 타임을 갖는 것이 수월하지 않겠는가? 더군다나 액티비티를 함께 진행했을 경우 '지루하지 않고 재미있었다', '교육 내용이 오래 머리에 남는다', '강사가 강의를 참 잘하더라'라는 평가를 받을 확률이 높으니 누이 좋고 매부 좋은 일이 아닐 수 없다. 앞에서도 이야기했지만 내가 처음 배운 강의 기법이 이것이었다. 그래서 강의를 처음부터 서툰 느낌이 들지 않게 할 수 있었다. 앞뒤 코멘트만 잘 연결해주면 되었기 때문이다. 더군다나 중간에 하는 액티비티가 워낙 강력하여 오히려 앞뒤 멘트마저도 중요하게 여겨지지 않을 정도였다.

협상과 관련된 강의를 의뢰받았다고 하자. 강사의 입장에서는 협상에 관한 다양한 사례와 에피소드를 이야기해주고 여기에서 얻을 수 있는 교훈이라든가 방법론을 정리해줄 수 있을 것이다. 전적으로 강사의 강의 능력에 의존하는 방법이다. 그렇지만 이런 강의는 늘 위험성이 도사리고 있다. 강의 중 인용한 사례가 정부가 인질 사태를 해결한 것이라면 민간 기업이나 영업에 적용하기는 어려울 것이고, 민간 기업이 성공적인 협상으로 기록적인 수주를 해온 사례라면 역시 공공기관에 직접 적용하기는 쉽지 않을 것이다. 강사가 강의처에 적합하면서 시의에 맞는 사례를 일일이 찾아내는 것도 만만치 않은 작업이 된다. 이러한 문제를 도와주는 것이 적절한 액티비티를 이용하는 것이다. 여기에서 소개하는 액티비티는 독자들이 직접 이용해도 좋은 기술들이며 다양한 경우에 쓸 수 있는 범용적인 것들이다.

▶ 참여한 사람들을 세 그룹으로 나눈다.

▶ A그룹에는 깎지 않은 연필을, B그룹에는 일정한 규격의 종이 20장을, C그룹에는 연필깎이를 나누어준다. 그러고 나서 그룹의 이름을 연필나라, 종이나라, 깎이나라로 격상시킨다. 여기에서 연필은 자원을, 종이는 자본을, 연필깎이는 노동력을 의미한다고 의미 부여를 한다.

▶ 이 게임의 최종 우승자는 20장의 종이 중 가장 많은 종이를 확보하는 그룹이 된다(종이가 21장이라면 서로 공평하게 나누고 끝나버릴 텐데 20장이라는 데 딜레마가 있다). 그런데 이 종이에는 연필로 서명이 되어 있어야 한다. 서명을 하기 위해서는 연필의 도움이 필요한데 연필은 현재 깎여 있는 상태가 아니므로 연필깎이의 도움을 받아야 한다. 이렇게 세 나라가 서로의 도움을 필요로 하며 얽히고설킨 이해관계자가 된다.

▶ 각 나라는 약 10분간의 전략 회의를 거쳐 대표자를 파견하여 협상에 나서도록 한다.

▶ 전략 회의를 마친 후 세 사람의 대표자가 협상 테이블로 나온다.

이 협상의 진행 상황은 각 나라에 중계가 되는 상황이며, 협상 중에도 본국으로부터 훈령을 받을 수 있다. 이 훈령은 쪽지로 전달이 되도록 한다.

이렇게 시작이 된 게임은 매우 흥미진진하게 진행이 된다. 참여한 전원이 몰입하여 진행 상황을 지켜보며 아이디어가 있으면 훈령의 형태로 전달한다. 그렇지만 협상은 좀처럼 진척이 없다. 서로 많이 가지려고 하는 이상 이 게임은 결코 합의에 이르기 어렵기 때문이다. 이렇게 진척이 없을 때, 정회를 선언하고 막후 협상의 기회를 준다. 막후 협상이란 각 나라가 어떤 한 나라와 일종의 밀약을 할 수도 있는 기회를 주는 것이다. 다시 말하면 두 나라가 합의하여 어떤 한 나라를 따돌리기 위한 전략을 짤 수 있다는 의미다.

결국 이 게임은 서로가 합의하여 20장의 종이를 균등하게 나누는 윈 – 윈의 방식을 도출해내야만 원만히 끝이 나게 되어 있다. 그러기 위해서는 6장씩을 일단 나누어 갖고 나머지 2장 또한 셋으로 균등분배하면 최고의 협상이 되는 것인데 여기에는 고정관념(오직 우승해야 한다. 지폐를 나눠도 되는 것인가 등) 등이 작용하면서 그러한 창의적인 생각을 가로막는다.

이런 과정을 통해 협상의 목적, 협상의 프로세스, 협상의 테크닉, 게임이론, BATNA(Best Alternative to Negotiated Agreement, 협상이 깨졌을 때 취할 수 있는 최상의 대안), 교착 상태에서의 타결 방법 등을 자연스럽게 익히게 된다. 앞에서 '들은 것은 잊어버리고 본 것은 기억되나 직접 해본 것은 이해가 된다'고 말한 것이 이런 경우 아니겠는가?

이런 액티비티를 이용하다 보면 매번 예기치 않은 새로운 상황을 마주하게 된다. 그러므로 같은 액티비티라도 여러 번 이를 해본 경우 노하우가 쌓여 훨씬 재미있고 질 높은 진행을 할 수 있게 된다. 중요한 것은 액티비티 후의 강사의 피드백이다. 여기에서 참여자들이 액티비티를 통해 이미 경험했지만 놓치고 있는 의미들을 찾아주는 것이 필요하다. 액티비티의 진행 과정 중에 성급히 화를 냈던 사람, 대강 빨리 끝내고 들어오라고 했던 사람 등의 사례를 통하여서도 우리가 협상 중 어떤 심리상태에 있게 되는지 등을 언급해주면 혼란스럽게 보이고 의미 없이 보였던 행동들마저도 협상에 영향을 미치는 중요한 요소였다는 깨달음을 주게 된다. '아, 우리가 무심코 하게 되는 행동도 교육과 연관되어 있었구나' 생각하면서 이후의 교육에도 진지하게 참여하게 된다.

누가 해도 효과 만점인 필살기

강의를 새로 시작하는 강사들을 위해 백전백승의 액티비티를 하나 소개한다. 백전백승이라 함은 이 액티비티를 하면 어떤 계층 어떤 조직도 웃고 떠들게 되며 호응이 좋아지고 강의에 대한 평가도 좋게 나온다는 말이다. 이 액티비티는 가치관, 커뮤니케이션, 리더십, 영업 어떤 분야에도 응용하여 쓸 수 있는 도구다.

① 강의에 참석한 모든 사람에게 1억 원의 사이버 머니를 나눠준다고 선
포한다.

② 돈을 받은 모두가 다음의 항목 중 자기가 사고 싶은 항목을 살 수 있다
고 한다.

③ 다만, 같은 항목을 사기를 원하는 사람들이 있으면 경매를 통하여 가
장 높은 금액을 부른 사람이 가져가게 된다고 설명한다.

④ 팀별로 정해진 진행자가 경매 게임을 시작한다. 경매에 올려진 내용
은 다음과 같다.

내용	팀원 1	팀원 2	팀원 3	팀원 4	팀원 5	팀원 6
1. 화목한 가정						
2. 어느 한 분야의 천재적 재능						
3. 국회의원이나 높은 관료가 되는 것						
4. 평생 함께하는 좋은 친구들 10명						
5. 삶의 목표와 비전이 뚜렷한 삶						
6. 배용준이나 김태희 같은 외모						
7. 평생 아프지 않는 몸						
8. 취미와 여행으로 소일하는 여유 있는 삶						
9. 신실한 종교생활로 깨닫는 삶						

내 용	팀원 1	팀원 2	팀원 3	팀원 4	팀원 5	팀원 6
10. 깨가 쏟아지는 부부(성)생활						
11. 평생 보장되는 연금						
12. 사회적으로 존경받는 사람						
13. 달라이 라마나 교황 같은 지혜로운 사람						
14. 테레사 수녀 같은 봉사하는 삶						
15. 슈퍼맨처럼 세상의 악을 철폐하는 능력						
16. 좋아하고 잘하는 일을 직업으로 갖는 삶						

평범해 보이는 이 액티비티는 실제 강의장에서 해보면 반응이 뜨겁다. 대미를 장식해주는 것은 역시 강사의 예리한 피드백이다. 웃고 논 것 같은데 자기들도 모르게 여기에 담겨 있는 내용이 상당히 의미 깊었음을 알게 해주는 것이다.

일단 이 액티비티를 시작하기 전에 16개 항목에서 정말 갖고 싶은 것 4개만 각자 골라보라고 이야기하고 잠시 시간을 준다. 이미 4개를 고른 데서 사람들의 성향이 나타난다(물론 이런 이야기는 경매 게임이 모두 끝난 후 피드백을 할 때 말해준다).

▶ 의미 있는 삶을 추구하는 성향 : 5, 9, 13, 14번을 선택한 사람들

▶ 성취지향적인 삶을 추구하는 성향 : 2, 3, 12, 16을 선택한 사람들

▶ 현재의 삶에 만족하고자 하는 성향 : 1, 7, 11, 15를 선택한 사람들

▶ 즐겁게 인생을 살고자 하는 성향 : 4, 6, 8, 10을 선택한 사람들

경매를 진행하는 동안 자기가 고른 것을 사기 위해 노력하라고 말한다. 그렇지만 1억을 잘 운영해서 더 많이 살 수도 있다고 해준다. 진행 과정 중에 많은 에피소드가 생겨난다. 배용준이나 김태희 같은 외모를 사는 데 바가지를 썼다고 하기도 하고(실제 성형 비용보다 너무 비싸게 사서), 깨가 쏟아지는 부부생활 부분에서는 '부부'란 말만 아니었으면 1억을 올인하려고 한 사람도 있다는 등의 위험수위 발언으로 경매가 끝날 때까지 강의장은 시끌벅적 웃음바다가 된다.

성인이 된 사람들이 자기의 가치관을 함부로 이야기하기란 쉽지 않다. 그런 이야기를 나누려면 촛불이라도 켜고 숙연한 분위기를 조성해야 할지 모른다. 그러나 이 액티비티는 웃고 떠들면서도 우리의 가치관을 간접적으로 탐색해볼 수 있으며 강사로 하여금 관련된 주제를 자연스럽게 이어나가게 할 수 있다. 누구라도 많은 경우에 써먹을 수 있는 툴이니 비장의 무기로 연마하기 바란다.

게임의 질을 결정하는 요소

이제 유명한 '마시멜로 게임'을 소개하면서 교육에서의 게임은 어떤 기능을 하는지, 게임의 속성에는 어떤 것들이 있어야 하는지 등을 살펴본

다. '마시멜로 게임'은 이것을 고안한 사람이 70개국 이상에서 이 게임을 진행하며 여기에서 쌓인 많은 데이터와 사례를 통하여 이 게임의 가치를 높여놓았다. 물론 여러분도 이 게임을 얼마든지 강의 현장에서 시도해볼 수 있다. 이미 해보지 않았겠느냐고? 천만의 말씀이다. 나 또한 최근에 다국적 기업의 임원들에게 이 게임을 시도했지만 아무도 그 전에 이것을 해본 사람은 없었다. 앞에서도 이야기했지만 또 몇 명이 이미 해봤다 해도 다른 사람들과 새롭게 경험하는 것이고, 게임이란 다시 해도 즐거운 것 아닌가. 자신 있게 시도해보시라!

준비물은 간단하다. 적당한 크기의 마시멜로 1개. 스파게티 스틱 20개, 1미터 길이의 테이프, 1미터 길이의 끈이 전부다. 이것을 한 세트로 하여 팀별로 나누어준다. 이 도구들을 이용하여 가장 높은 구조물을 만드는 팀이 우승하는 게임이다. 물론 그 구조물은 스스로 서 있어야 하며 천정에서 매달리도록 하는 것은 안 된다. 구조물의 끝에는 마시멜로가 있어야 한다.

게임 시간은 18분이다. 18분이란 시간은 게임 창안자의 노하우인 셈이다. 20분은 길고 15분은 짧다고 한다. 진행자는 줄자와 스톱위치를 준비해야 하는데, 스톱위치는 화면에 띄워져 사람들이 같이 볼 수 있으면 좋다. 진행자는 게임이 진행되는 동안 시간 경과를 계속 알려주고 팀들의 진행 상태를 중계해주면서 경쟁심을 북돋운다. 게임이 진행되는 동안의 강의실 풍경은 그야말로 익사이팅 그 자체다. 탄성이 나오기도 하고 방법을 놓고 갈등 상황이 벌어지기도 한다.

'마시멜로 게임'이 강력한 것은 그동안 축적된 데이터를 통해 현재 우리의 상태를 분석하고 비교해볼 수 있기 때문이다. 이 게임의 성적이 가장 좋은 그룹은 어디였을까? 유치원생들이었다고 한다. CEO들이 모인 집단은 그리 성적이 좋지 않았다. MBA 출신들이 최하위 그룹에 속한다고 하면 궁금해지기 시작한다. 도대체 이 게임의 성공 비결은 무엇인가? 이 게임이 우리에게 시사하는 바는 무언인가? CEO들과 MBA 출신들은 최종 구조물을 그린 후 계획을 세우고 역할을 분담하고 구조물을 만들기 시작하는데, 결국 시간에 쫓기다 완성을 제대로 하지 못한다는 것이다. 아이들의 경우는 일단 만들기 시작하면서 다양한 시도를 해본다고 한다. 그 외에도 상금을 걸고 했을 때 성공한 팀이 없었다든가 두 번째 시도할 때의 성공률이 어떻게 급속히 올라갔는지 등 우리가 조직에 반영할 만한 팁들을 준다. 교육 중에 게임의 의미를 부여하는 것은 강사의 깊고 통찰력 있는 피드백이다. 이 부분이 약하면 최악의 경우 '놀면서 시간 낭비했다'는 인상을 줄 수도 있다. 게임은 반드시 현재 하고 있는 강의 주제와 관련이 있는 것이어야 하며, 피교육자들이 무심히 한 행동 하나하나가 게임의 성공과 실패에 어떤 영향을 미쳤는지 말해줄 수 있어야 한다. 그런 까닭에 얼핏 보기엔 단순해 보이는 이 게임이 포춘 500대 기업 CEO와 임원들에게까지 통찰력을 주게 된 것이다.

이렇게 게임을 알맞은 주제에 적절한 타이밍에 사용하게 되면 강의의 효과는 배가 된다. 최근엔 다양한 분야에서 게임화(Gamification)가 시도되고 있다. 이는 우리가 지루하고 딱딱하게 여기는 영역에 게임의 요소를 도입하는 것이다. 학교 앞 속도제한 구역에서 속도를 잘 지킨 운전자들에게 복권을 준다거나(물론 이에 대한 상금은 신호를 어긴 사람들의 벌금을 모아서 지급한다) 계단을 걸을 때마다 소리가 나는 피아노 모양으로 설계하여 에스컬레이터를 타는 횟수를 줄인 아이디어 등이 그것이다. 교육에도 이러한 게임의 요소가 점차 증가할 것은 분명한 사실이다.

웃길 수만 있다면 바로 특급강사

최고의 강사가 되기 위해 가장 먼저 갖춰야 할 조건에 대해 누군가 묻는다면 나는 "언제고 사람들을 웃길 수만 있다면 당신은 바로 유명 강사가 될 수 있습니다"라고 대답할 것이다. 언제 어느 장소에서라도 건전한 주제로 사람을 웃길 수만 있다면 바로 유명 강사가 될 수 있다. 어쩌면 1달 안에 '아침마당'에 불려 나가 전국적인 명성을 얻을 수도 있다. 그만큼 사람들의 마음을 열고 웃게 만드는 것은 쉬운 일이 아니다. 마음의 경계가 사라지게 하고, 공감이 가는 이야기를 해야 사람들은 웃을 수 있다.

사람을 웃게 만들기 위해서는 재미있는 에피소드나 유머가 필요한데, 세상에 없는 이야기나 이제껏 한 번도 들어보지 못한 이야기를 발굴해 낸다는 것은 쉽지 않다. 아무리 성공한 유머라도 사람들이 알게 된 이후에는 효과가 없다. 그러니 이런 방식으로 계속적인 생명력을 유지하기가 쉽지 않은 것이다. 유머는 또한 독이 될 수도 있다. 상황이나 대상에 맞지 않으면 문제가 될 수 있다. 조영남 씨의 일화가 있지 않은가. 박정희 대통령이 부대를 방문했을 때 흥을 돋운답시고 '작년에 왔던 각설이 죽지도 않고 또 왔네'라는 노래를 했다가 헌병대에 불려갔다는 이야기는 유명하다. 특히 정치, 종교, 여성, 인종 등을 주제로 한 이야기는 조심해야 할 부분이다. 어떤 장소에서는 박장대소를 했던 이야기도 장소를 달리 하였을 경우에는 전혀 먹히지 않을 때도 있다. 결국 강사가 다양하게 경험하고 실험해보아야 유머에 실패하지 않을 수 있다. 만약 다음과 같은 유머를 구사한다고 해보자.

"김영삼 대통령 시절의 이야기입니다. 김영삼 대통령께서 말실수를 자주 하신 편이에요. 일단 거센 경상도 발음을 쓰셨지요. 그래서 '경제'란 단어를 '갱제'라고 했고 '확실히'란 말을 '학실히'라고 발음했습니다. 그러다 보니 '경주를 세계적인 관광의 도시로 만들겠습니다'라는 말씀이 우리에겐 '겡주를 세계적인 ○○의 도시로 만들겠습니다'라고 들리기도 했습니다(○○의 발음은 독자들이 상상해보시라. 이곳에서 사람들은 웃기 시작한다). 그런가 하면 가끔 틀린 이름이나 명칭을 쓰시기도 하셨어요. '우루과이 라운드'를 '우루과이 사태'라고 하시기도 하셨고, 세종대왕 기념식에 가서서 '이대한 이순신 장군께서'라고 하셨다고도 해요. 그러던 중 대통령께서 미국 순방길에 오르시게 되었어요. 상대 대통령은 클린턴 대통령이었습니다. 보좌진이 인사 말씀 정도는 영어로 하시라고 말씀을 드렸고 'How are you'라고 말씀하시라고 했답니다. 그러면 미국 대통령이 뭐라고 대답을 하실 것이고 그러면 'Me, too'라고 하신 다음 한국말로 하고 싶은 말씀을 하시면 된다고. 드디어 두 대통령이 만나는 시간이 되었어요. 이제 영어로 인사를 하실 때가 온 거죠? 이때 대통령께서 착각을 하셨는지 'How are you?'라고 해야 할 인사를 'Who are you?' 라고 하셨다는 거예요(사람들은 여기서 박장대소를 한다). 그러자 이를 들은 클린턴 대통령이 잠시 의아해 하시다가는 '아, 굉장히 유머러스하신 분이구나' 생각하면서 거기에 걸맞는 대답을 하셨답니다. 'I'm Hillary's Husband(저는 힐러리의 남편입니다)'라고. 그러자 김영삼 대통령이 이어서 'Me, too'라고 하셨답니다."

사실과 픽션이 혼합된 이야기이고 듣는 사람들도 사실인 듯 농담인 듯 받아들인다. 역대 대통령의 리더십을 진지하고 무거운 분위기에서 논하다가 이런 이야기를 듣게 되면 한결 부드러워진다. 그렇지만 여기에도 몇 가지 주의사항이 있다. 이미 오래 전에 임기를 마친 대통령의 이야기이기에 용인되는 이야기라는 점이다. 현재 대통령의 이야기라면 불편해 하는 사람이 있을 수 있다. 또 요즘 같은 세상에서는 정치적 의도가 있다고 생각하는 사람도 있을 수 있다. 비록 대통령의 실수를 소재로 한 것이지만 여기에는 대통령의 인간다운 모습이 부각되므로 김영삼 대통령의 팬일지라도 크게 김 대통령을 깎아내리는 이야기라고는 느끼지 않는다. 또한 이 이야기는 김영삼을 기억하는 사람들에게 유용한 것이지 요즘 젊은 세대에게는 먹히지 않는 이야기라는 점도 염두에 두어야 한다. 또한 방송 등에 나가 구체적으로 이름을 거론하면서 할 수 있는 이야기도 아니라는 것을 기억해야 한다. 이렇듯 하나의 유머를 구사하는 데는 고려할 사항이 많다. 더군다나 이 이야기를 누군가 알고 있어서 결정적인 순간에 미리 다음 이야기를 해버리면 유머의 효과는 반감된다. 유머는 또한 유머의 내용이 본인의 스타일과도 맞아야 한다. 액션이 필요하다거나 성대모사 혹은 사투리가 들어가는 내용인데, 강사가 그런 표현이 안 되는 사람이라면 오히려 웃음을 주는 것이 아니라 썰렁함을 줄 수도 있다. 그렇기 때문에 다른 사람의 유머를 내가 쓴다고 똑같이 재미있는 것은 아니다. 어쨌든 쉽지 않지만 꼭 필요한 부분이기도 하니 몇 가지 생각할 점을 이야기해보려 한다. '유머를 분석하는 것은 개구리를 해부하는 것과 같다. 개구리는 그로 인해 죽는다'고 마크 트웨인이 말한 것처럼 유머를 분석한다는 게 얼마나 유용한 일인지는 모르겠지만 말이다.

유머의 소재는 내 주변에서

소재는 사실 도처에 널려 있다. 유머의 소재를 찾는 것은 마트에서 쇼핑을 하는 것과 같다. 어떤 재료를 사다가 어떻게 요리를 할지 결정하기만 하면 된다. 다만 너무도 흔하기 때문에 오히려 의미를 두지 않을 뿐이다. 유머를 잘 구사하기 위해서는 메모하는 습관이 필수적이다. 아이디어가 떠오르는 순간을 놓치지 않기 위해서다. 요즘은 스마트폰이 있으니 녹음하고 사진 찍고 메모할 수 있는 모든 도구가 갖추어져 있는 셈이다.

세계적인 코미디언인 빌 코스비는 치과에 갔다 온 후 '의사는 항상 나의 입에 뭔가를 물려 놓고 이런저런 질문을 한다'고 메모해놓고 그때 대답하는 자기의 표정 등으로 세상 사람들을 웃겼다. 치과에 가본 사람이라면 누구나 공감할 수 있는 재미있는 상황이다. 우리는 무심히 지나친 광경이지만 유머의 소재를 늘 찾고 있는 사람에게는 요즘 말로 득템(아이템을 얻다)의 순간이 되는 것이다.

세상에 나와 있는 유머 관련 서적이 널려 있음에도 불구하고 내가 그것을 바로 이용할 수 없는 것은 요리를 하듯 나의 것으로 만들어야 하는 과정이 있기 때문이다. 가끔 강사 중에는 지루해하지 말라고 책에서 본 유머를 그저 랜덤으로 강의 중간중간에 하는 경우가 있는데 모두 감점 요인일 뿐이다. 유머 감각은 타고 나는 것이냐, 훈련되어지는 것이냐는 질문이 있는데(물론 답은 둘 다라고 한다) 그만큼 유머는 감각이 따라야 하는 부분이기도 하다. 레이건 대통령이 저격을 당해 병원 수술대에서 했다는 "당신이 열렬한 공화당원이라고 말해줘요, 제발"과 같은 유머를 구사하는 사람들은 아무래도 순발력이라는 끼를 타고난 게 아닐까 싶다. 이렇게 주변에서 일어나는 상황을 자기 것으로 만들 때 독창적인 유머를 구사하게 된다. 자기 주변에서 유머를 만들어내는 능력이 점차 확장되면서 본인만의 독특한 캐릭터를 만들어가게 된다. 유머를 잘 구사하는 강사들이 드는 예화는 거의 자기가 경험한 일이나 자기 주변의 에피소드이다. 개인적인 일을 보편적으로 공감할 수 있는 이야기로 풀어내는 것이다. 자기 주변의 이야기는 거창할 것이 없고 자기의 옛날은 모두 보잘 것 없던 시절이다. 이런 이야기는 대체로 자기를 낮추는 것으로 시작을 하게 되고 듣는 사람들은 무장 해제를 하게 된다. 앞서도 이야기했지만 유머는 분석하여 설명한다고 습득되어지는 영역은 아니다. 거기에는 개인의 특성, 표정, 몸짓, 타이밍 등 다양한 요소가 함께 작용하기 때문이다. 이 역시 계속 시도해보고 도전해볼 수밖에 없다.

◇◇◇◇◇◇◇
강의 노트
◇◇◇◇◇◇◇

- 최근 강사의 일방적인 메시지 전달보다는 피교육자의 적극적인 참여와 결론 도출을 유도하는 모더레이팅 방식이 떠오르고 있다.
- 성공적인 모더레이팅을 위해서는 워크숍의 목적을 분명히 하고, 아젠다를 공유하며, 활발한 토의를 유도해 나가는 진행력이 필요하다.
- 유머는 명강사를 가늠하는 중요한 척도 중 하나이다. 주변에서 끊임없이 소재를 발굴하면서 청중이 열광하는 강의를 위한 재치 있는 이야기들을 준비해야 한다.

04

백전불패의
커뮤니케이션 액티비티

리더십, 자기계발, 행복 등의 주제에 공통으로 등장하는 것이 커뮤니케이션 기술이다. 그러므로 어떤 주제의 강의든 강사들은 기본적으로 커뮤니케이션에 대한 자료를 확보하고 있다. 성공적인 참여자 중심의 강의가 되기 위해서는 커뮤니케이션이 활발해야 한다. 그러므로 커뮤니케이션을 활성화할 수 있는 좋은 수단을 갖고 있다면 강의에 성공할 확률이 높다. 여기에서는 커뮤니케이션을 촉진하고 이후 어떤 주제와도 연결이 가능한 액티비티를 소개하고자 한다.

'누구를 살릴 것인가?' 액티비티

먼저 상황을 설명한다. 2020년 한국에는 원인을 알 수 없는 바이러스가 유행하고 있다. 현재 일곱 명이 병원에 입원해 있고 이들은 모두 죽을 운명에 처해 있다. 마침 신약이 개발되었는데, 원료가 희귀하여 오직 한 사람에게만 이 약을 투여할 수 있다. 당신에게 약을 투여할 권한이 주어졌다면 당신은 다음의 일곱 명 중 누구에게 이 약을 주겠는가? 다음의 환자들을 소개하면서 충분한 토론을 통한 설득의 과정을 통하여 결정하도록 하고, 다수결로 결정하는 것은 지양하라고 설명한다.

① 천재 컴퓨터 프로그래머

② 다선 국회위원

③ 대기업 회장

④ 임산부

⑤ 환경운동가

⑥ 의사

⑦ 16세 소녀

팀별로 무조건 한 명을 선택하게 한다. 이 과정에서 왜 그 사람을 선택해야 하는지에 대한 활발한 토론이 벌어진다. 팀별로 선택이 끝나면 강사는 왜 그 사람을 선택했는지에 대한 이유를 묻는다. 그러면서 정보가더 있으니, 다시 한 번 토론을 통해 선택해보라고 한다. 다시 제시하는 정보는 다음과 같다.

① 천재 컴퓨터 프로그래머에게는 네 명의 자녀가 있다.

② 다선 국회의원은 최근 성추행으로 구설수에 올랐다.

③ 대기업 회장은 탈세 혐의로 검찰의 조사를 받고 있다.

④ 임산부는 시리아 난민으로 매우 어려운 생활을 하고 있다.

⑤ 환경운동가는 90세의 고령이다.

⑥ 의사는 다른 난치병을 동시에 앓고 있다.

⑦ 16세 소녀는 태국의 성매매 여성이다.

마찬가지로 팀별로 한 명을 선택하게 한다. 추가 정보가 다시 제시되면 강의실에는 웃고 탄식하는 소리가 여기저기서 들린다. 두 번째 토론에서도 왜 그 사람을 다시 선택했는지에 대해 설명하도록 한다. 이어 최종 정보를 제공한다.

① 천재 컴퓨터 프로그래머는 현재 알코올 중독자다.

② 다선 국회위원은 임기 중 가장 개혁적인 법안을 많이 입안한 사람이다.

③ 대기업 회장은 수출에 절대적인 기여를 하고 있다.

④ 임산부가 치료를 받는다고 해도 아이의 생존율이 희박하다.

⑤ 환경운동가는 노벨상 수상 후보이다.

⑥ 의사의 모든 병은 환자를 치료하는 가운데 전염이 되었다.

⑦ 태국의 16세 소녀는 부모가 업주에게 판 상태다.

역시 토론을 거쳐 최종 한 명을 선택하게 한다. 이어 이런 선택에 대한 과정에 대해 팀별로 설명을 듣는다.

액티비티의 생명은 강사의 피드백에 달려 있다

액티비티의 과정은 역동적이고 생동감 있고 재미있지만, 강사의 예리한 피드백이 수반되지 않으면 그저 '재미있는 시간을 보냈다'는 데 그치고 만다. 여기에서 피드백할 내용들은 다음과 같은 것들이다.

① 현재 액티비티를 하는 동안 본인의 태도는 어땠는지 돌아보도록 한다. 누군가는 적극적으로 토론에 임했을 것이며 누군가는 방관자적인 자세로 결정되는 것을 지켜보고 있었을 수도 있다. 조직 내에서도 마찬가지다. 본인의 생각을 말하지 않으면 조직의 결정들은 나와는 무관하게 결정이 되는 것이다.

② 정보가 바뀜에 따라 본인 혹은 팀의 의사결정이 어떻게 바뀌었는지에 대해서 설명한다. 정보가 바뀌면 의사결정도 바뀌는 것이 자연스러운 것이다. 그렇지만 사람들은 대체로 한 번 결정된 사항을 바꾸려 하지 않는다. 실제 액티비티가 진행되는 과정을 보면 "우리 팀은 계속 그냥 가"라든가 상황의 변화와 관계없이 "우리 팀은 지조를 지켜야지" 등의

말도 되지 않는 이유로 처음의 결정을 끝까지 고수하는 경우가 있다. 경직된 조직일수록 이런 경우가 많고 팀 내 목소리가 큰 사람이 다른 사람들이 토론하는 것을 방해할 때도 있다. 강사는 이러한 과정을 세심하게 관찰했다가 피드백해줘야 한다.

③ 다른 사람을 설득하는 방법은 어땠는지에 대해서 이야기한다. 논리적인 방법을 사용했는지, 감성적인 접근을 했는지, 아니면 권위적인 방법으로 밀어붙였는지, 시간의 압박은 어떤 영향을 미쳤는지 등에 대해서 이야기해보도록 한다.

이러한 액티비티를 통하여 커뮤니케이션의 방법론과 태도, 조직에서의 커뮤니케이션의 문제, 의사결정의 과정 등 다양한 주제를 끌어낼 수 있다. 이 액티비티는 그 자체만으로도 대단히 강력하다. 이후 약간의 팁을 보태는 것으로 당신은 유능한 강사라는 평가를 얻을 수 있다.

레고를 이용한 커뮤니케이션 액티비티

이 액티비티는 우리의 커뮤니케이션이 얼마나 완전하지 않은지, 우리의 표현 능력은 얼마나 부족한지, 내가 말하는 것을 상대방은 어떻게 잘못 알아들을 수 있는지 등을 깨닫게 해주는 간단하면서도 강력한 액티비티다.

① 세 명이 한 조를 이룬다.

② 두 사람은 등을 대고 앉고 한 사람은 진행되는 상황을 관찰하고 메모한다.

③ 두 사람에게는 적당량의 레고를 주고 한 사람이 모양을 만들어가면서 다른 사람이 같은 모양을 만들 수 있도록 설명을 하도록 한다.

역시 피드백이 중요하다. 게임이 끝난 후 결과를 보게 되면 양쪽이 같은 모양으로 만든 경우가 거의 없다. 말로써 전달되는 부분이 크지 않다는 점과, 비언어적인 메시지의 중요성에 대해서 공부를 했는데, 이 게임을 통해 말의 한계를 실감하게 된다. 게임을 진행한 두 사람에게 그 원인이 어디에 있는지를 물으면 설명한 사람은 듣는 사람에게 문제가 있다고 하고, 듣는 사람은 설명한 사람이 제대로 설명하지 못했다고 한다. 앞서도 설명했지만 어른은 몸집이 큰 어린아이다. 레고를 손에 드는 순간 장난기가 발동하고 피교육생들은 서로가 참여하고자 하는 적극적인 자세를 보인다. 이후로 어떤 강의가 진행이 되든 창의적이고 활기찬 분위기를 유지하게 된다.

M-W 게임

간단한 게임이지만 이기적인 선택이 결국은 어떤 결과를 만드는지에 대한 통찰력을 제공해주는 의미가 높은 게임이다. 아울러 다양한 주제의 강의에 사용할 수 있다.

① 짝수의 팀을 구성한다.

② 두 팀이 한 쌍을 이루어 게임이 진행된다.

③ 각각의 팀은 강사의 지시에 따라 나눠준 카드에 M혹은 W를 적어 교환한다. 이렇게 교환하는 것이 1라운드이고, 총 10라운드로 진행이 된다.

④ 이때 점수를 계산하게 되는데, 우리 팀이 W를 내고 상태팀이 W를 내면 우리 팀도 3점, 상대팀도 3점을 얻게 된다. 나머지 계산 방법은 아래와 같다. 최종 우승은 두 팀을 합쳐서 하는 것이 아니라 어느 한 팀이 된다고 이야기한다.

우리 팀	상대 팀	우리 팀 스코어	상대 팀 스코어
W	W	+3	+3
W	M	−6	+6
M	W	+6	−6
M	M	−3	−3

⑤ 4회전을 마치고 나면 점수 계산을 하여 전체에게 알려주고 향후 전략을 짜도록 한다.

이때 점수가 낮은 팀이 만회할 수 있도록 이제부터는 기존 점수를 두 배로 올린다고 이야기한다. 다시 말해 우리 팀이 M을 내고 상대팀이 M을 내면 이젠 -3점씩이 아니라 -6점씩을 얻게 되는 것이다.

⑥ 다시 4회를 더 진행한 후 각 팀의 점수를 공개한다. 마지막 9라운드와 10라운드를 남겨 놓고 점수를 다시 세 배로 올려 계산한다고 하고 팀별 전략을 짜도록 한다. 같이 진행하고 있는 팀과 같이 전략을 의논할 수도 있다.

⑦ 나머지 9, 10라운드를 진행한 뒤 최종 점수를 발표하고 우승팀과 꼴지 팀을 가린다.

라운드	의사결정		점수	
	팀	팀	팀	팀
1				
2				
3				
4				
(협상) 양팀 의사결정조가 합의 시 협상조간 협상 허용				

라운드	의사결정		점수	
	팀	팀	팀	팀
5				
6				
7				
8				
9				
10				
합계				

이 게임은 우승하려는 욕심 때문에 상대팀을 속이려 하고, 그렇게 속은 상대도 신뢰를 지키지 않으면서 예기치 않은 점수를 얻게 되는 재미있는 게임이다. 우리가 '윈 – 윈'이라는 말을 자주 하지만 이익 앞에서 이 윈 – 윈의 원칙을 지킨다는 게 얼마나 어려운지를 실감하게 해준다. 모든 액티비티나 게임은 강의실에서 해보기 전 시뮬레이션을 반드시 거쳐야만 한다. 그래야만 피교육생들의 궁금증에 대해 답해줄 수 있고 돌발 상황에 대한 대비도 할 수 있다.

무엇보다 중요한 건 간단한 액티비티일지라도 완전히 자기 것으로 만드는 것이다. 남들은 생각지도 못한 날카롭고 통찰력 있는 팁을 주는 것이 중요하다. 유머를 구사하는 것만큼이나 중요하게, 진행하는 순간의 애드리브 등이 게임의 성패를 좌우한다. 또 날카롭고 통찰력 있는 팁을 주기 위해서는 자기만의 공부가 필요하다.

공간 선택 액티비티

가끔은 자리에서 일어나서 가볍게 움직이도록 만드는 것이 필요할 때가 있다. 이 게임은 참가자들의 성향을 파악하고 참가자들끼리 친밀감을 형성하게 하고 소극적인 사람이라도 말을 하게 함으로써 교육에 적극적으로 참여하게 만드는 효과가 있다. 교육생들이 앉아 있는 공간의 네 모서리에 4가지 종류의 의견이나 선택사항을 부착한다. 주제는 어떤 것이라도 상관없다. 혈액형일 수도 있고 가고 싶은 여행지일 수도 있고 좋아하는 정당일 수도 있으며 선호하는 색깔일 수도 있다. 이렇게 주제를 바꿔 가면서 참여자들이 선택하여 각각의 모서리에 모이도록 한다. 그 곳을 선택한 이유들을 서로 이야기하도록 하고 발표하도록 하면서 다양한 주제가 공유되는 액티비티다.

　대부분의 액티비티는 강사가 실제 현장에서 실시해보기 전까지는 그 강력함을 알지 못한다. 글로 설명된 부분만 봐서는 '도대체 이게 무슨 재미가 있을까?'하는 의문이 든다. 이제까지 소개한 액티비티들은 언제 어떤 강사가 운영하더라도 액티비티 자체의 힘으로 교육생들에게 임팩트를 주는 것들이니 잘 활용하기 바란다.

토너먼트 토의 기법

합병한 두 조직의 직원들이 모여 새로운 비전과 미션을 구상할 때였다. 새롭게 출발하는 조직의 핵심가치는 어떤 것이어야 할지를 토의할 때 이 기법을 사용한 적이 있다. 무작정 핵심가치를 정해보자고 하면 막연했을 것이다. 일단 조직에서 사용되는 핵심가치의 내용을 조사하여 제시하였다. 예를 들면 다음과 같은 단어들이다. '성장', '투명경영', '혁신', '미래전략', '최고', '서비스', '고객만족', '역량', '품질', '책임' 등. 이렇게 나열을 해놓고 각자 개인적으로 3개씩을 선택하라고 했다. 이후 두 명이 짝을 지어 6개 중 3개를 선택하라고 했다. 이런 식으로 네 명이나 여덟 명이 모여서 최종적으로 필요한 3개를 선택하도록 하는 방식이다. 물론 숫자에 대한 변형은 가능하다. 이 방법은 모든 강의에 참여자들의 의견을 들어보거나 반영할 수 있는 유용한 기법이다. 강의 중 특정인을 지정하여 질문을 하면 부담을 느끼거나 단답식의 대답이 되어 더 이상 이야기가 진행되지 않는 경우가 있다. 개인으로 시작하여 여러 사람의 의견이 반영되어 최종 선택을 하도록 하는 이 방식은 경쟁심도 불러일으키고 자신의 의견을 관철시키기 위한 다양한 논리가 동원되기도 한다. 진지한 주제만이 아닌 가벼운 주제에 대해서도 이 방법을 사용할 수 있다.

다양한 스폿 기법

스폿 기법이란 점심시간 직후 혹은 심신이 피로할 만한 시기에 퀴즈를 낸다거나 간단하게 몸을 움직이는 활동을 통해서 기분전환을 하는 다양한 방법들을 말한다. 이것도 확실한 자기 것 1~2 가지만 익혀놓으면 된다.

① 박수로 하는 스폿

<u>속았다 박수</u>

미야자와 리조끼(가명) : 일본 최초의 사회체육학 박사의 이론이라고 소개한다. 10초간의 열렬한 박수는 10분간의 격렬한 운동량과 같다는 연구 결과가 있었다고 설명한다.

▶ 어깨 넓이만큼 손을 벌린 후 1초 동안 가장 빠르게 박수를 치도록 한다.

▶ 20대를 기준으로 10초 동안 38번 이상을 쳐야 건강하다는 증거라고 이야기한다.

▶ 38번 이상을 친 사람은 손을 들도록 한다.

▶ 손을 든 사람이 있다면 그가 숫자를 잘못 세었거나 비정상이라고 이야기를 한다. 의료보험증을 소지하고 종합병원에서 건강진단을 받아보라고 이야기한다. 또는 인간이 아니고 박수기계이거나 터미네이터일지도 모른다고 너스레를 떤다.

계단 박수

청중에게 계단을 오르내리듯 박수를 치라고 이야기한다.

1계단 : 1

2계단 : 1 — 1, 2, 1

3계단 : 1 — 1, 2, 1 — 1, 2, 3, 2, 1

4계단 : 1 — 1, 2, 1 — 1, 2, 3, 2, 1 — 1, 2, 3, 4, 3, 2, 1

5계단 : 1 — 1, 2, 1 — 1, 2, 3, 2, 1 — 1, 2, 3, 4, 3, 2, 1— 1, 2, 3, 4, 5, 4, 3, 2, 1

일정 시간이 경과할 때마다 주기적으로 한 계단씩 올라가면서 교육이 종료할 시점까지 지속적으로 실시한다.

열 내기 박수

▶ 가장 세게 박수를 치도록 유도한다

▶ 10 — 5 — 3 — 2 — 1의 순서로 낮은 숫자만큼을 치도록 한다.

▶ 중간 중간 계속 손을 비벼서 손바닥에 열이 나도록 한다.

마지막 한 번을 친 후 눈 또는 어깨 등 피곤한 부위에 대도록 한다.

시계 박수

▶ 먼저 괘종시계를 연상케 한다.

▶ 전원 양손을 앞으로 향하게 하고 똑딱똑딱 소리를 내도록 한다.

▶ 2시라고 하면 박수 2번, 5시라고 하면 박수 5번을 친다.

▶ 13시, 2시 반 등을 중간 중간에 끼워넣어 청중들의 웃음을 유도한다.

건강 박수

▶ 손가락 끝으로만 박수를 치도록 한다. 머리를 맑게 해주는 박수라고 소개한다.

▶ 손바닥으로만 박수를 치도록 한다. 장 기관을 튼튼하게 해주는 박수라고 소개한다.

▶ 주먹을 쥐고 뼈를 부딪히면서 박수를 치도록 한다. 신경계통을 튼튼하게 해주는 박수라고 소개한다.

빼기 박수

▶ 강사가 주문하는 박수 숫자에서 하나씩을 빼고 박수를 치도록 한다.

▶ 다섯 번, 네 번, 세 번, 두 번을 치도록 주문한 수 '박수 한 번 시작'이라고 외친다. 이때 박수를 치면 안 된다.

▶ 틀린 사람에게는 벌칙을 줄 수도 있다.

반대 박수

▶ 강사가 머리 위에서 박수를 치면 청중은 무릎을 치도록 한다.

▶ 강사가 무릎을 치면 청중은 머리 위에서 박수를 치도록 한다.

▶ 강사가 양손을 벌려 흔들면 청중은 가슴을 치도록 한다.

▶ 강사가 가슴을 치면 청중은 양손을 벌려 흔들도록 한다.

▶ 점점 빠른 속도로 반복해서 진행한다.

② 게임으로 하는 스팟

예 / 아니오 게임

진행자의 질문에 '예'라고 대답할 때는 고개를 좌우로 흔들고, '아니오'라고 대답할 때는 고개를 끄덕이도록 한다.

손가락 요술 게임

▶ 각자의 오른손 검지를 펴서 눈앞 10cm정도에 세우도록 한다.

▶ 마음을 비우면 손가락이 좌우로 움직인다고 설명한다.

▶ 움직이는 사람이 없다면 오른쪽 눈과 왼쪽 눈을 번갈아가며 감도록 한다.

▶ 청중이 우스꽝스러운 눈 모양을 하게 된다.

칙칙폭폭 게임

▶ 팀을 나누고, 강사가 '칙칙폭폭'이라고 말하면 '폭폭칙칙'이라고 반대되는 글자로 대답하도록 한다.

▶ 한쪽 팀에게만 일방적으로 어렵게 주문한다. 예를 들어 '폭칙칙폭폭칙폭칙'과 같이 실시한다.

▶ 나머지 팀에게는 쉽게 '칙치리칙칙칙칙칙, 폭포로폭폭폭폭폭'과 같이 실시한다.

집단 가위바위보 게임

▶ 강사와 대항해서 청중 전체가 가위바위보 게임을 한다.

▶ 이긴 사람은 '와' 하는 함성을 지르고 진 사람은 '에이' 하는 소리를 내고, 비긴 사람은 박수를 치도록 한다.

신바람 구호 게임

▶ '신바람'이라는 구호에 '짝' 하고 박수를 치게 한다.

▶ '신바람', '짝짝', '신바람', '짝짝짝' 세 번의 구호와 박수를 친 뒤에는 '좋~다!'라고 외치게 한다.

가라사대 게임

▶ 진행자가 가라사대라는 말을 한 후 지시한 행동을 청중이 따라 한다.

▶ 연습으로 2회 정도 실시한 후 본게임에 들어간다.

▶ '가라사대 왼손 머리로'라고 이야기하면 왼손을 머리로 올려야 하고 '오른손 머리로'라고 가라사대를 붙이지 않으면 따라하지 말아야 한다.

▶ '오른손 머리로'라고 했을 때 틀리면 앞으로 나오도록 한다.

▶ '손 내리시고'라고 말해서 내리면 다시 앞으로 나오도록 한다.

▶ 틀린 사람 두 명 정도가 나오면 앞에 선 사람이 틀린 사람을 대신 찾게 한다.

▶ 벌칙을 줄 정도의 인원이 모이면 그만둔다.

▶ 가라사대 대신 '할렐루야', '진실로', '솔직히' 등의 말로 바꿔서 진행하도록 한다.

반대 게임

▶ 진행자가 하는 행동의 반대로 행동하게끔 한다.

▶ 위에서 반짝반짝하면 아래에서 반짝반짝 손을 흔들도록 한다.

▶ 옆에서 반짝반짝하면 박수를 치도록 한다.

▶ 조금만 빠르게 하면 진행자와 동일한 행동을 하게끔 된다.

▶ 특정인을 앞으로 나오게끔 하는 데 사용한다.

하나, 둘, 뽕 게임

▶ 전원이 옆으로 나란히 앉거나 빙 둘러 앉도록 한다.

▶ 왼손으로 직경 30cm의 원을 만들고 오른손 검지는 아래로 향하도록 하여 오른쪽 사람의 왼손 원에 살짝 집어넣는다.

▶ 오른손 검지로 원 주위를 윙윙 소리를 내며 빙글빙글 돌리다가 뽕 소리가 나면 왼쪽 사람의 손가락을 잡고 오른쪽 검지는 재빨리 빼낸다.

③ 팀 대항 게임

이구동성

▶ 사자성어의 네 글자를 네 명이 각자 종이에 적고 자신이 적은 글자를 동시에 외친다.

▶ 상대팀은 네 명이 말한 글자의 소리를 조합하여 사자성어를 맞히면 이기게 된다.

동전 쌓기

▶ 팀별로 동전 탑을 높이 쌓는다. 가장 높이 쌓는 팀이 승리.

▶ 한 명이 바람을 불어 동전 쌓는 것을 방해한다(일정 정도 거리를 두도록 한다).

▶ 이기는 팀이 동전을 다 가지도록 하면 더욱 재미있게 게임을 할 수 있다.

악센트 구호

▶ 진행자가 먼저 구호를 제시한다(행복하게 살자, 착하게 살자 등).

▶ 각 팀별로 구호를 연습하게 한 후, 한 글자씩에 악센트를 넣어 전체 글자만큼 악센트를 이동하며 발표하도록 한다.

▶ "행복하게 살자, 행복하게 살자, 행복하게 살자, 행복하게 살자, 행복하게 살자, 행복하게 살자!"

▶ 악센트를 줄 때 손을 들거나 박수를 치도록 한다.

▶ 가장 매끄럽고 힘차게 하는 팀이 승리한다.

기타 게임

▶ 스피드 퀴즈: 단어를 많이 준비하여, 한 명이 설명한 뒤 한 명이 빠

르게 풀도록 한다.

▶ 전달게임: 속담이나 단어를 동작으로만 설명하도록 한다.

④ 말로 하는 스폿

거꾸로 게임

진행자의 말을 빠르게 뒤집어 말하면 되는 게임이다.

예: 설왕설래→래설왕설, 크리스마스→스마스리크

　　개살구 하나 보여→여보 나하구 살개

　　다시합창합시다→다시합창합시다

　　쓰레기통→휴지가 쏟아진다

혀가 꼬여 게임

'작년솔장수 헛솔장수', '지붕 위에 있는 콩깍지 깐 콩깍지인가 안 깐 콩깍지인가', '내가 그린 기린 그림은 잘 그린 기린 그림이고 네가 그린 기린 그림은 못 그린 기린 그림이다', '이 분은 박 법학박사님이시고 저 분은 백 법학박사님이십니다', '간장공장 공장장은 공 공장장이고 오 뎅공장 공장장은 장 공장장이다' 등 발음이 어려운 문장들을 말하면 되는 게임이다.

엉터리 대답 게임

문제 1: (영구를 10번 발음한 뒤) '쓰리랑 부부'에 나오는 개 이름은? 답:

땡칠이 또는 행국이

문제 2: (눈을 감고 감나무를 생각하라고 한 뒤 손가락으로 숫자 7을 가리키면서) 이 감나무에 배가 몇 개 열렸나요? 답: 안 열린다

문제 3: (낙랑을 10번 외치게 한 뒤) 호동왕자 색시의 이름은? 답: 평강공주

문제 4: (컨닝을 10번 발음하게 한 뒤) 미국의 초대 대통령 이름은? 답: 조지 워싱턴

문제 5: (1~4까지 4번을 외치게 한 뒤) 리어카 바퀴는 몇 개? 답: 2개

◇◇◇◇◇◇◇
강의 노트
◇◇◇◇◇◇◇

- 액티비티의 생명은 강사의 피드백에 달려 있으므로, 날카롭고 통찰력 있는 팁을 주기 위해서는 자기만의 공부가 필요하다.
- 강의 중 청중의 주의가 흐트러지는 시점에서는 다양한 스팟 기법을 사용하여 강의 분위기를 환기한다.

05
변화로 이어지는
강의 마무리

1~2시간의 강의를 마칠 때에는 강의 내용을 요약하고 간단한 질문을 던져보는 것도 좋다. "오늘 강의를 듣고 지금 어떤 단어가 떠오르나요?" 정도의 가벼운 질문을 권한다. 강의를 요약함으로써 강사가 목적과 메시지를 전달하기 위해 노력했다는 것을 확인시킬 수 있다. 여러 시간 동안 강의가 진행된 경우라면 ERCR을 개별적으로 작성하도록 하는 것이 좋다.

긍정적인 피드백을 끌어내는 마무리 기술

ERCR은 Eliminate, Raise, Create, Reduce의 약자다. 교육을 받은 오늘 이후 어떤 불필요한 행동을 없앨 것인지, 어떤 부분을 더 함양시킬지, 어떤 일을 새로 시작할지, 줄여나갈지에 대해 잠시 본인의 생각을 정리하는 것이다. 교육은 변화로 이어져야 하기 때문이다. 사실 이 ERCR은《블루오션 전략》의 저자들이 다른 조직이나 상품과의 경쟁력을 높이기 위해 어떠한 방식으로 차별화를 이룰 것이냐는 문제의식에서 생겨난 전략 캔버스를 그리는 기법 중 하나이다. 이 기법은 자기계발에 적용하여도 안성맞춤이어서 강사들이 전체 과정을 마무리할 때 자주 사용하는 방법이다.

테드(TED) 혹은 외국의 강의를 보면 대체로 강사들이 본론이 끝나면 바로 강의를 마친다는 멘트를 한다. 반면 우리나라의 경우는 마무리 인사를 (미국에 비해서는) 장황하게 하는 편이다. 마무리를 어떻게 하느냐가 또한 강의의 이미지를 결정하는 중요한 순간 중 하나다. 위에서도 일부 언급했지만 다음의 순서대로 마무리하기를 권한다.

① 오늘 무엇을 배웠는지 요약한다.
② 행동으로 옮길 부분에 대해서 언급한다.
③ 인상에 남는 멘트나 예화를 들어 인상적인 마무리를 한다.
④ 청중에게 감사의 인사를 한다.

여기에 소개된 진단 액티비티와 토론의 툴 등은 어느 누가 쓰게 되어도 강의를 재미있고 의미 있게 유도할 수 있는 검증된 것들이다. 이러한 방식에 익숙해지면 본인이 조금씩 응용을 하여 새로운 것을 만들어낼 수도 있다. 혹시 이미 알고 있거나 경험한 사람들이 있지 않을까 염려하는 것은 기우이다. 다시 말하지만 강사가 피드백을 독창적으로 하면 된다. 아니 교육생들이 창의적으로 결론을 도출해낼 것이다. 이 툴들이 당신을 수없는 위기에서 구해줄 것이라 확신한다.

고비를 넘기는 힘도
억대 연봉의 비밀이다

요즘 경기가 안 좋다는 말을 많이 한다. 사실 언제나 있는 말이다. 늘 경기가 안 좋다고 하지만 지나고 나서는 또 그나마 그때가 좋았다고 말한다. 많은 강사들이 '경기가 안 좋으면 회사에서 가장 먼저 줄이는 비용이 교육'이라면서 강의가 없는 것에 시장을 탓한다. 이런 생각은 미국의 교육시장 강사들도 하는 모양이다. 이에 미국강사협회에서는 '경기가 안 좋은' 때야말로 강사들이 분발하고 새로운 시도를 할 때라고 조언한다. 강사라는 직업에 대한 새로운 정의가 필요할 때라고 말한다.

 강사를 하나의 직업으로 인식하면 강의 의뢰가 없을 경우 "아, 이제 이 일도 끝이구나"라고 생각하게 될 것이다. 그렇지만 강사에게는 여전히 강의와 관련된 다양한 기술과 경험과 노하우가 있다. 그러한 총합을 강사라고 정의하라는 것이다. 그러므로 단순히 강단에 서서 말하는 것만을 생각할 것이 아니라 다양한 형태의 다른 일을 모색해보라고 권한다. 한쪽 문이 닫히면 다른 쪽 문이 열리기 마련이라고. 여기에 미국강사협회(National Speakers Association)가 발간한《Paid to speak》라는 원서에 소개된 강사가 진출 가능한 다양한 활동 범위를 소개하고자 한다.

— **전자책**(E-books)

— **교재**(Workbooks)

— **현장 가이드**(Field guides)

— **행사 진행자**(Meeting starters)

— **오디오 프로그램**(Audio programs; CD, mp3, podcast)

— **비디오 프로그램**(Video programs; DVD, streaming, mini-lessons)

— **이러닝 모듈**(E-learning modules; using simple tools Articulate Presenter)

— **컨설팅 실무**(Consulting package)

— **코칭 프로그램**(Coaching program)

— **유선회의**(Teleseminars)

— **온라인 회의**(Webinars)

— **실천 매뉴얼**(Action packs)

— **활동 장비**(Implementation kits)

— **이메일 학습**(E-mail course)

— **회원제 웹사이트**(Membership websites)

- 온라인 포럼 및 모임(Online forums and communities)
- 평가(Assessments)
- 모바일 애플리케이션(Mobile apps)
- 자격증 프로그램(Certification programs)
- 라이선스 프로그램(Licensing programs)
- 연계 프로그램(Affiliate programs)
- 사업의 제휴(Joint Ventures)

　일부 우리의 환경이나 문화에 적합하지 않은 것들이 있지만 다양한 측면에서 생각해볼 만하다. 중요한 것은 강사가 오직 강단에서 이야기하는 사람이라고 생각하는 편견을 깨어주는 좋은 모델이라는 것이다.

강사는 1인 회사의 CEO다

성공한 강사들은 스스로를 CEO로 생각하지 단순한 강사로 생각지 않는다. CEO의 역할은 무엇인가? 어떻게든 회사의 이익을 창출하는 것이다. 경기가 어렵다는 것은 변명이 되지 않는다. 사전에 위기를 간파하고 이에 대비할 줄도 알아야 한다. 그들은 또 종업원인 스스로를 만족시켜야 하는 입장이 되기도 한다. 이러한 정신을 제대로 실천하기 위해서는 정해진 날짜에 정해진 급여를 스스로에게 지급해야 한다. 월급날이되어 직원들에게 월급을 주지 못하는 CEO를 생각해보라. 프리랜서들의 생활과 소득은 불규칙하다. 그렇다고 해서 많이 번다고 많이 쓰고 못 번다고 못 쓰는 상황이 되어서는 곤란하다. 회사는 이익이 많이 났다고 갑자기 월급을 올려주고 이익이 나지 않는다고 월급을 안 주지 않는다. CEO의 마인드로 무장하고 다른 종업원을 먹여 살린다는 자세로 임한다면 분명 강한 강사로 거듭날 수 있을 것이다.

불경기가 기회라고 생각하자

영웅은 시대가 만든다는 말이 있다. 전쟁이 있어야 영웅이 탄생한다고도 한다. 경기가 어려운 것은 오히려 강사에게는 좋은 기회일 수 있다. 경기가 어려우면 CEO나 회사관계자들이 더 많은 고민을 할 것이며 이를 해결해줄 방법만 있다면 누구에게라도 도움을 요청할 것이다. 전염병이 돌면 병원에는 환자가 몰려온다. 의사가 훌륭한 치료 기술과 좋은 약을 갖고 있어야 하는 것처럼 강사도 훌륭한 솔루션으로 무장하고 있어야 한다. 그러므로 비즈니스 마인드를 가진 훌륭한 강사는 늘 고객의 문제에 집중하고 있는 사람이라 할 수 있다. 자기가 강의하고 있는 분야에 대해 이런 기회에 집중적인 연구와 교류를 한다면 차별화된 강사가 될 것임이 틀림없다. 강의의 기회를 얻기 위해서가 아니라 순수하게 고객의 어려움을 도와주기 위한 마음으로 고객사를 방문해보는 것은 어떨까?

마음가짐을 새롭게 전환해야 한다

모든 직업인에게 정기적으로 찾아오는 병이 매너리즘이다.

어느 성직자의 이야기다. 목회를 시작한 초기에 신자 중 한 분이 사망하여 염을 하게 되었다. 죽은 사람을 직접 만지고 수습을 한다는 것이 쉽지 않았을 터. 며칠 동안 그 장면이 머리에 떠올라 식사도 하지 못할 정도로 힘들었다고 한다. 몇 년이 지난 어느 날, 그는 태연하게 김밥을 먹으며 같은 일을 하고 있는 자신을 발견했다고 한다. 익숙해지고 능숙해진 만큼이나 생명에 대한 경외감과 엄숙함마저 잊고 있는 본인의 상태를. 이것이 매너리즘이다. 아무 생각 없이 하던 일을 기계적으로 하고 있는 상태, 의미 부여도 열정도 발전에 대한 욕구도 없는 상태가 되는 것이다. 이를 극복하는 방법으로 3가지를 권한다.

첫째, 보다 진지해져라. 강사라는 비즈니스는 결코 자원봉사도 아르바이트도, 그냥 해보는 일도 될 수 없다. 조종사가 전투를 그냥 해보는 것이라 말할 수 없고, 수술하는 의사가 그냥 해본다고 할 수 없는 것과 같다. 모두 오랜 기간의 훈련과 준비를 거쳐 끊임없이 최고를 추구하는 프로인 것이다.

둘째, 사람들과 교류하라. 강사는 혼자 생활하는 시간이 많은 직업이다. 사람들과 교류하면서 새롭게 비전과 목표를 다듬고 자기를 돌아보고 자극받아야 한다. 자기계발을 위해 새로운 강의를 접해보고 새로운 기술도 배워야 한다. 정기적으로 강의 자료를 업데이트하고 명함이나 고객리스트도 새롭게 정리해보도록 한다.

셋째, 깊은 매너리즘에 빠졌다고 생각될 때는 강의의 세계를 떠나보는 것도 한 방법이다. 떨어져서 보면 나무가 아닌 숲을 볼 수 있다. 그런 후의 변화는 적당한 변화가 아닌 극적인 변화가 될 수 있다. 강사는 일신우일신(日新又日新) 해야 한다.

강사라는 직업은 사라지지 않는다

천재 경영학자인 게리 하멜(Gary Hamel)은 조직에 공헌하지 못하는 능력으로 '복종', '근면', '지식'을 들고 있다. 이 말을 듣는 순간 "어? 조직에서 제일 중요한 요소들 아냐?"라고 생각하는 사람이 있을 것이다. 물론 조직은 기본적으로 이러한 요소들을 바탕으로 돌아간다. 그렇지만 이러한 능력들은 희귀한 능력은 아니다. 다시 말하면 어디서라도 쉽게 구할 수 있는 능력이다. 돈만 준다면 사람을 해치는 일까지도 하는 세상 아닌가. 하루 12시간을 일할 부지런한 사람도 어렵지 않게 구할 수 있다. 다시 말하면 그러한 능력들은 특별한 것이 아니라 누구나 상황과 조건에 따라서 발휘할 수 있는 능력이다. 지식도 마찬가지다. 세상에 널려 있다. 모르는 지식은 인터넷을 통하여 바로 알아볼 수 있다. 그렇지만 지식 위의 통찰력은 아무데서나 구할 수 있는 게 아니다. 강사의 역할이 여기에 있다. 오랜 경륜을 통한 노하우, 특별한 경험을 통한 통찰력 등은 온전히 인간의 능력일 수밖에 없다. 세계적인 경영대학원인 와튼 스쿨의 제프리 가렛(Jeffrey Garrett) 학장은 최근 인터뷰에서 '소프트 스킬'의 중요성에 대해서 다시 강조했다. 그가 〈위클리비즈(Weekly Biz)〉와 인터뷰한 바에 따르면, '소프트 스킬'은 조직을 잘 운영하는 능력을 말한다. 대표적으로 커뮤니케이션 능력이나 공감력을 꼽을 수 있다. 기업의 규모가 커지면 아무리 유능한 리더라도 모든 것을 혼자서 다 해낼 수는 없다. 똑똑한 사람을 뽑는 것 못지않게 똑똑한 사람을 잘 다루는 것이 중요해진 것이다. 더욱이 정보통신 매체의 발달로 직원들과 수시로 실시간 대화가 가능해진 요즘, 좋은 리더라면 가능한 모든 수단을 동원해 커뮤니케이션에 임해야 한다. 바로 이러한 능력이 소프트 스킬이다. '리더십'이나 '커뮤니케이션'과 관련한 강사들의 역할이 계속해서 커질 수밖에 없는 이유가 바로 여기에 있다.

그렇다면 조직에 공헌하는 능력에는 어떤 것들이 있는가? 이에 대해 게리 하멜은 '열정', '창의성', '추진력'을 들고 있다. 이 '열정', '창의성', '추진력'을 북돋우기 위한 직종 중 하나가 모티베이셔널 스피커(Motivational Speaker) 아니겠는가. 강사는 자기가 하는 말의 본보기가 되고 사례가 되어야 한다. 그렇다면 어려운 경기 상황을 잘 극복하는 역사도 본인이 만들어야 한다. '위기는 기회다'라는 말은 강사들이 늘 하는 말 아닌가.

국립중앙도서관 출판시도서목록(CIP)

강의 잘하는 힘 / 지은이: 김학재. —
— 고양 : 위즈덤하우스, 2016   p. ;   cm

ISBN 978-89-6086-892-2 03320 : ₩12800

교수법[敎授法]
강사(선생)[講師]

373.21-KDC6
371.396-DDC2   CIP2015034979

강의 잘하는 힘

초판 1쇄 발행 2016년 1월 14일   초판 2쇄 발행 2016년 3월 20일

지은이 김학재
펴낸이 연준혁

출판 2분사 편집장 박경순
편집 박지혜 디자인 함지현

펴낸곳 (주)위즈덤하우스 출판등록 2000년 5월 23일 제13-1071호
주소 경기도 고양시 일산동구 정발산로 43-20 센트럴프라자 6층
전화 (031)936-4000 팩스 (031)903-3895 홈페이지 www.wisdomhouse.co.kr

값 12,800원 ISBN 978-89-6086-892-2 03320